U0014534

中文世界唯一
德文直譯本

達文西的一則童年回憶

佛洛伊德藝術與文學論集

佛洛伊德 著
林宏濤 譯

【編輯人語】

創作是童年願望的實現

佛洛伊德是二十世紀最具影響力的思想家，他開創的心理分析學派在精神疾病的診斷以及心理治療方面的建樹是心理學的一個里程碑，其心理分析學說更是跨足到人類文明的所有領域，幾乎所有人文社會學科都感受到它難以抗拒的理論魅力。由於個人對於藝術以及文學的雅好，雖然謙稱自己是個外行人，佛洛伊德也試著把他的理論應用在對於藝術作品和文學家的評論和分析上，寫就了一篇篇讓人拍案叫絕而又爭議不斷的論文，建立了文學理論和藝術評論的心理分析方法學。

本書收錄了佛洛伊德的〈達文西的一則童年回憶〉（*Eine Kindheitserinnerung des Leonardo da Vinci*, 1910）、〈米開朗基羅的摩西像〉（*Der Moses des Michelangelo*, 1914）、〈杜思妥也夫斯基與弒父〉（*Dostojewski und die Vatertötung*, 1928）、〈《歌德自傳》裡的一段童年回憶〉（*Eine Kindheitserinnerung aus »Dichtung und Wahrheit«*, 1917）以及〈作家與幻想〉（*Der Dichter und das Phantasieren*, 1908）；他的另一篇重要文學評論

作品〈威廉煙森的《格拉底瓦》裡的幻覺與夢〉（*Der Wahn und die Träume in W. Jensens "Gradiva"*, 1907），則是收錄在《幻覺與夢：佛洛伊德與威廉煙森的格拉底瓦》（陳蒼多譯，商周出版，2021），期望讀者可以透過這部論文集領略佛洛伊德的藝術理論的梗概。

〈達文西的一則童年回憶〉第一次刊行於《應用心理學文集・第七卷》（*Schriften zur angewandten Seelenkunde*, Siebentes Heft, 1910），第二版和第三版則分別於一九一九年和一九二三年問世。雖然這並不是佛洛伊德第一次把臨床心理分析的方法應用在歷史人物上，卻引起了軒然大波，遭到許多人的批評和駁斥。

主要的問題在於佛洛伊德引用達文西札記的德文版，裡頭的義大利文「nibio」被譯成德文的「Geier」，而佛洛伊德這篇論文的英譯本又把「Geier」譯成「eagle」（老鷹），而不是譯成「kite」（鳶），就說佛洛伊德搞錯了「nibio」的意思，而用這個理由指摘他的解析。因為義大利「nibio」是鳶的意思，德文「Geier」則有禿鷹和鳶的意思，可是英譯本把它譯成「eagle」就變成了老鷹。那麼到底是誰搞錯了？另外也有人批評佛洛伊德以埃及神話作為比較的做法是欠缺證據力的穿鑿附會。但是儘管在枝微末節上的錯誤或者是引喻失義的比附，佛洛伊德追溯藝術家的童年回憶以及他的心理世界，挖掘達文西的作品裡的無意識驅力和動機，以及他在藝術和科學研究方面的搖擺不定的心理原因，不可否認是史無前例的創舉，也為當時只重視技法和表現元素的藝術評論開啟了讓人耳目一新的視野。

〈米開朗基羅的摩西像〉早在一九一二年就寫成，但是佛洛伊德一直猶豫要不要發表。直到一九一四年，他在友人的鼓吹下匿名發表於《形象》（*Imago*, 3 (1), 15-36）雜誌，而到了一九二七年才揭露作者的身分。佛洛伊德是米開朗基羅的忠實粉絲，而摩西像則是米開朗基羅為教宗儒略二世在羅馬聖彼得鎖鏈教堂的陵墓創作的大理石雕像之一。數百年來，無數的藝評家都為這座雕像搖筆為文，佛洛伊德則是試圖重構米開朗基羅的雕像主角的動作和心境，他首先點評了各家學說，接著抽絲剝繭地提出自己的看法，展現了驚人的觀察力和洞見，看到了幾乎所有藝評家都看不見的細節，建構起藝術家的創作意圖。佛洛伊德挑戰聖經裡的摩西形象，認為米開朗基羅所要表現的，不是看到族人拜偶像而忿忿然把法版摔破的摩西，而是生怕法版摔碎而收起脾氣的摩西，以迎合整座陵墓的創作動機。

〈杜思妥也夫斯基與弒父〉是佛洛伊德應出版社的邀約，為一九二八年出版的德文版杜思妥也夫斯基全集當中的《卡拉馬助夫兄弟們》寫的導論。杜思妥也夫斯基是佛洛伊德相當推崇的作家，認為他可以和莎士比亞相提並論，他更把《卡拉馬助夫兄弟們》和《伊底帕斯王三部曲》以及《哈姆雷特》並列為世界最偉大的三部文學作品，然而這三部作品卻都涉及到弒父的主題，佛洛伊德認為那並不是出於偶然。他在文中探討作者的性格、他的罪惡感、他的癲癇症以及伊底帕斯情結。接著又討論到他的賭癮，認為那是作者在和命運的拉扯，而《卡拉馬助夫兄弟們》也正是反映了杜思妥也夫斯基的精神官能症。

歌德可以說是佛洛伊德的思想啟蒙導師，佛洛伊德在其作品裡引用歌德的次數就有一百一十處。〈《歌德自傳》裡的一段童年回憶〉第一次出現是在《形象》雜誌（*Imago. Zeitschrift für Anwendung der Psychoanalyse auf die Geisteswissenschaften* V (1917). S. 49-57.）。佛洛伊德在文中再次指出童年回憶對於一個人的生命史的重要性。他在《歌德自傳》一開頭讀到歌德談及兒時的一個惡作劇，也就是把碗盤餐具都扔到街上。一般讀者或許會覺得不值一哂，但是他看到的卻是孩子們一種類似巫術儀式的行為，他們想要把威脅自己在家裡的存在和地位的事物丟出去，而它們往往就是自己的弟弟妹妹。佛洛伊德更在臨床的病患經驗裡得到佐證，而主張說這種現象在孩子身上並不罕見。

〈作家與幻想〉寫成於一九〇七年，並且於一九〇八年出版。佛洛伊德在文中指出寫作和幻想的共同點：「文學作品和白日夢一樣，都是從前童年遊戲的延伸和替代物。」白日夢和夜裡的夢一樣，都是願望的實現：「一個幻想宛如漂浮在三個時間點之間，在我們的念頭的三個時間環節裡，心理活動會連接到一個現行的印象，一個當下的誘因，它會喚醒人的一個強烈願望，由此回溯到一個早年（大多是嬰兒期）實現了該願望的經歷的回憶，現在則是創造一個和未來有關的情境，讓人相信那個願望會在其中實現，它所創造的也就是個白日夢或幻想，在其中殘留著作為其源頭的誘因和回憶的痕跡。所以說，過去、現在和未來都串接在一起，願望的繩索則是依序穿過它們。」而文學作品的創作動機也是如此：「一個鮮明的當下經歷，在作家心裡喚醒對於早期的、多半是童年的一個經歷的回憶，願望就是以此為起點，在作品裡找到它的實現；文學作品本身就展現了當下的誘因以及舊時的回憶這兩個元素。」〈作家與幻想〉是佛洛伊德最膾炙人口的文學理論，他在文中言簡意賅的說法，也就是，文學和夢境一樣都是願望的實現，從此就成了心理分析的文學理論的濫觴。

INHALTSVERZEICHNIS

第一部

達文西的一則童年回憶

Eine Kindheitserinnerung des Leonardo da Vinci, 1910

第一章

精神醫學研究一般都只會以比較脆弱的人當作其研究材料，而當它面對偉大人物時，其動機就不是門外漢所臆測的那樣了。它並不是致力於「使光輝燦爛者黯淡無光，把崇高者拉到塵土裡」（注1）；拉近它一般研究的對象之間在完美和缺憾方面的距離，那並不會讓它感到滿足。但是它也不得不承認，對於任何被認定為解釋模型的事物的理解，都是有價值的事，而且一個人再怎麼偉大，也不會認為臣服於一以貫之地支配著正常和病態行為的法則是什麼可恥的事。

義大利文藝復興時期的大人物之一，李奧納多．達文西（Leonardo da Vinci, 1452-1519）（注2）生前就已經被當時的人讚嘆驚艷，然而不管是對他們或是現在的我們而言，他一直是個神祕莫測的人物。他是個全方位的天才，「人們只是大概知道他的一個輪廓──卻始終無法一探究竟。」（注3）他在當時是個影響力無遠弗屆的畫家；而直到我們這個年代，才認識到這位自然科學家有多麼偉大，自然科學家和藝術家的角色在他身上熔於一爐。儘管他留下了許多大師畫作，他的科學發現卻大多沒有被公開和利用，在他的發展過程裡，這位藝術家心裡的自然科學家一直沒有完全放手，不時地嚴重干擾他，或許到頭來還會壓抑他。瓦薩利（Giorgio Vasari, 1511-1574）（注4）說他在臨終時自責冒犯了神和世人，因為他沒有對於他的藝術盡責。（注5）雖然不管是就外在或內在的可能性而言，瓦薩利的這個說法都不可信，充其量只是當時關於這位高深莫測的大師的傳言而已（注6），但是它終究是當時人們對他的評價的見證，其價值還是不容爭辯的。

到底是什麼原因使得當時的人難以理解達文西的人格？那當然不是因為他的天賦和知識的多面性。由於他的多才多藝，他獲聘到別名為「摩爾人」（il Moro）的米蘭大公斯福爾扎的盧多維科（Ludovico Sforza, 1452-1508）的宮廷裡演奏他自己改良過的里拉琴（注7），他也在寫給大公的莫名其妙的信裡炫耀自己身為建築師和軍事工程師的成就。（注8）因為這種集多樣才能於一身的人，在文藝復興時期已經司空見慣了，儘管達文西是其中璀璨奪目的佼佼者。他也不是那種天生貌不驚人、不修邊幅而憤世嫉俗的天才類型；正好相反，他外形魁梧奇偉，身材勻稱，眉目清朗，孔武有力，英姿颯爽，口若懸河，和人相處時熱情開朗而一團和氣；他也熱愛周遭的事物，喜歡身著華服，重視生活中的遊樂風雅。在他的《論繪畫》（*Trattato della pittura*）（注9）一個對其品味而言相當重要的段落裡（注10），他拿繪畫和其他藝術作比較，並且對於雕塑家的工作大吐苦水。「他一臉髒兮兮的，沾滿了大理石灰，看起來活脫像個麵包師傅，全身上下覆蓋了一層層大理石碎屑，佝僂的背部宛若下起了大雪，而屋子裡也到處都是石屑和粉塵。至於畫家則正好相反，……因為畫家可以舒適愜意地坐在他的畫作前面，穿戴整齊，揮舞著沾上歡悅的顏料的輕巧畫筆。他隨著興致以衣服打扮自己。而掛滿了賞心悅目的作品的屋子也熠熠生輝而一塵不染。他也往往有音樂為伴，更有抑揚頓挫的作品朗讀者烘雲托月，讓他暢懷聆聽，而沒有叮叮噹噹的鎚鑿或是其他噪音。」

當然，我們關於一個逸興遄飛、講究品味的達文西的想像，很可能只適用於大師為期比較久的第一個生活時期。自此之後，隨著「摩爾人」斯福爾扎政權的沒落，他不得不離開米蘭，抛下他的事業圈以及穩定的職位，過著居無定所而一事無成的生活，直到晚年才棲居法國，他那矞矞皇皇的生命情調或許已經黯然，而他的本質裡若干不為人知的特徵也越來越顯著。在那段歲月裡，他的興趣漸漸從藝術轉向科學，因而使他和同儕漸行漸遠。他所投入的心血在他們看來只是浪擲光陰，他沒有接受委託認真作畫以致富，就像他舊時同窗佩魯吉諾（注11）一樣，而只是在鑽研一些古怪的玩意兒，他們甚至懷疑他是在研究某種「妖術」。透過他的筆記，我們現在更明白他從事的是什麼技藝。在一個以古代的權威取代教會權威、而還不知道什麼是無預設的研究的時代裡，身為一個完全不遜於培根（Francis Bacon）或哥白尼（Kopernicus）的競爭對手，他想必是個獨立蒼茫的先驅者。當他解剖馬和人的屍體，建造飛行器，研究植物的營養以及人體對於毒素的反應時，當然和那些亞里斯多德（Aristoteles）的注釋者們扞格不入，反而和被人鄙夷的煉金術士走得比較近，在這個對他而言形格勢禁的時代裡，他的實驗研究至少在其研究室裡找到了庇護所。

對於他的繪畫而言，其結果就是他再也不想提起畫筆，漸漸不再作畫，作品也越來越少，許多畫作都沒有完成即中輟，他也不關心其作品往後的命運。他也因此在當時招致物議，對於當時的人來說，他對於藝術的態度一直是個謎團。

後來仰慕達文西的人會試圖遮掩其搖擺不定的性格瑕疵。他們辯稱，大家指責達文西的地方，其實是所有偉大藝術家的特質。即使是活力充沛而且沉醉於工作的米開朗基羅（Michelangelo），也留下了許多未完成的作品，而那也不是他的過錯，就像達文西一樣。他們也認為，某些作品也不是像他所說的一直沒有完成。外行人眼裡的大師作品，對於藝術作品的創作者而言，終究只是其意圖的一個不滿意的體現而已；有個完美的形象浮現在他眼前，而他每次想要描摹它，卻都頹然而廢。他們認為藝術家根本就沒有必要為其作品的最終命運負責。

儘管其中有些辯解相當有說服力，卻無法完全解釋我們在達文西身上看到的整個事態。或許許多藝術家也會和作品痛苦拉扯，到頭來則是選擇逃避它，而對於它往後的命運漠不關心，可是達文西的態度卻特別極端。索爾密（Edmondo Solmi）（注12）引用他的學生的一段話說（S. 12）：「他似乎每次著手作畫都是戰戰兢兢的，卻沒辦法完成任何開了頭的作品，他念念不忘作品的偉大性，在其他人眼裡已經是個奇蹟的東西，他卻對它們不斷地吹毛求疵。」他最後的若干畫作，《麗妲與天鵝》（*Leda*）、《寶座上的聖母與聖嬰》《*Madonna di Sant'Onofrio*》（注13）、《酒神》（*Bacchus*）（注14）以及《年輕的施洗者約翰》（*San Giovanni Battista Giovane*），據說都是未完成的作品，「大抵上和他的所有作品情況類似……。」（come quasi intervenne di tutte le cose sue.）仿畫其作品《最後的晚餐》的洛馬佐（Giovanni Paolo Lomazzo, 1538-1600）在一首十四行詩裡也佐證說，大家都知道達文西無法完成畫作這件事（注15）：

普洛多根尼，不停揮筆作畫的人，
和神聖的達文西，

從來沒有完成任何作品的人，
他們其實不相上下。（注16）

在創作時的達文西是個人盡皆知的慢郎中。經過澈底的前置研究（注17），他在位於米蘭的恩寵聖母修道院（Piazza di Santa Maria delle Grazie）的食堂著手創作《最後的晚餐》，前後歷時三年之久。（注18）當時有一位小說作家班德里（Matteo Bandelli），他也是該修道院的年輕修士，他說達文西經常在破曉時分就爬到鷹架上，一直到夜幕低垂，都沒有放下手裡的畫筆，而且茶飯不思。如此日復一日，卻一筆都沒有畫，時或在畫作前駐留好幾個鐘頭，沉浸在苦思冥想當中。（注19）期間他也在米蘭城堡的宮殿裡為斯福爾扎的法蘭切斯柯（Francesco Sforza, 1401-1466）（注20）製作騎士雕像的模型（注21），有時候他會心血來潮，從宮殿裡直奔修道院，為畫裡的人物添上幾筆以後，又馬上起身離開（注22）。瓦薩利說，他花了四年的時間畫《蒙娜麗莎》，也就是翡冷翠人喬宮多的法蘭切斯科（Francesco del Giocondo）的夫人（注23），到頭來還是沒有辦法完成，這幅畫並沒有被送到委託人那裡，而一直留在達文西身邊，跟著他到了法國，這件事或許可以作為佐證。（注24）後來法國國王法蘭西斯一世把它買下來，至今成為羅浮宮的鎮館之寶。

如果我們把關於達文西的工作方式和他遺留下來不可勝數的素描和研究筆記做比較——這些素描和研究筆記以讓人目不暇給的方式描述他畫作裡的種種動機——，那麼我們應該不會認為草率和反覆無常的性格對於達文西和他的作品的關係無甚影響。相反的，我們注意到一種不尋常的全神貫注、讓他猶豫不決的無限的可能性、難以滿足的要求標準、以及在執行時的瞻前顧後，就算說藝術家必然會在其理想的意圖面前畏縮不前，也無法解釋這種抑制作用（Hemmung）。達文西在創作時一直為人詬病的慢慢悠悠，證明是一種抑制作用的症狀，也是他後來逃避作畫的預兆。（注25）它也決定了《最後的晚餐》一點也不冤枉的命運。達文西不習慣濕壁畫（al fresco）（注26），這種畫法必須趁著灰泥底子潮濕的時候迅速完成工作，因此他選擇用油彩作畫，油彩乾燥得比較慢，因此他可以隨興而慢條斯理地延遲畫作的完成時間。可是這種顏料會從附著的底子剝落，而底子也會使顏料脫離牆壁；這個牆壁的缺點以及空間的命運，顯然決定了畫作不可避免的毀損。（注27）（注28）

類似的技法實驗的失敗似乎也應驗在《安吉里亞戰役》（*La battaglia di Anghiari*）身上，當時他和米開朗基羅準備互別苗頭，在翡冷翠舊宮的會議廳（Sala del

Consiglio）牆壁上作畫，同樣也是半途而廢。我們這位實驗者看似不相干的興趣起初的確增加了藝術的趣味，到頭來卻損害了作品本身。（注29）

達文西這個人的性格還透露了若干其他不尋常的特徵以及表面上的矛盾。他身上顯然有某種惰性和淡漠。在每個人都想要追求大展身手的空間的時代裡，難免會養成對他人的強烈侵略性，而與人無忤、避免任何對立和衝突的達文西顯得特別突兀。他對每個人寬厚仁慈，據說他拒絕吃肉，因為他認為剝奪動物的生命是不正當的事，他還有個特別的嗜好，那就是到市場買了鳥來放生。（注30）他譴責戰爭和流血衝突，認為人類不是什麼百獸之王，而是所有野獸當中最邪惡的。（注31）但是他沒有因為這種女性化的軟心腸而不敢跟著罪犯走到刑場，以研究他們因恐懼而扭曲的表情，把它們畫在他的速寫簿上，他也設計了最殘忍的武器，投入波爾吉亞的切薩雷（Cesare Borgia）麾下，擔任軍事總工程師一職（注32）。他往往對於善惡之分表現出無所謂的樣子，或者是主張以特別的標準衡量之。他在切薩雷的一場戰役當中位居要職，在該戰役裡，羅馬涅（Romagna）地區落入最凶殘而不忠實的敵人之手。（注33）在達文西的札記裡，沒有任何關於當時事件的批評或憐憫的隻字片語。這使我們不由得想起《法國戰役》（*Campagne in Frankreich 1792*）一書裡的歌德

（Johann Wolfgang von Goethe）。（注34）

如果一個傳記作家要真正理解主角的內心世界，他就不可以像大部分的傳記一樣謹小慎微而假道學，對於傳主的性行為、性愛癖好三緘其口而忽略它。我們對於達文西這方面的事所知不多，但是已知的部分卻相當重要。在放縱無度的欲樂和槁木死灰的禁欲相互拉扯的時代裡，達文西是個對於性愛冷淡而排斥的例子，這在描摹女性美的藝術家和表演者身上是讓人相當詫異的事。索爾密引用了達文西充分表現其性冷感（Frigidität）的一段話說：「生殖行為以及其他相關的行為是如此令人厭惡，如果不是自古以來的習俗，如果沒有漂亮的臉蛋以及好色的天性，人類應該很快就會絕種吧。」他的遺稿當然不全然都是在探討高深的科學問題，也包含了許多人畜無害的東西（充滿譬喻的博物學、動物寓言、笑話和預言）（注35），實在和我們這位大人物不相稱，其純潔的程度——我會說那是禁欲（abstinent）——即便是現在的純文學也會自嘆弗如。它們對於所有性愛的影射避之唯恐不及，彷彿對於科學家的求知欲而言，那使所有生命繁衍不斷的愛欲（Eros）是一點價值都沒有的東西。（注36）大家都知道，偉大的藝術家們時常喜歡在愛欲的、淫蕩的描寫當中宣洩其幻想；而達文西卻正好相反，我們只看到關於女性生殖器內部、母親子宮裡胎

兒的位置之類的解剖素描。（注37）

達文西是否曾經充滿愛意地擁抱過任何女人，或者和任何女人有親密的情愫關係，就像米開朗基羅和科隆那的維多利亞（Vittoria Colonna, 1490-1547）那樣（注38），我們必須存疑。他在老師韋羅基奧（Verrocchio）家裡當學徒的時候，和其他年輕人一起被控有同性戀行為，後來則是無罪開釋。（注39）他似乎有此嫌疑，因為他聘請了一個聲名狼藉的男孩當他的模特兒。（注40）身為大師的他，學生當中有許多美貌的男孩和學徒。他的關門弟子梅爾奇的法蘭切斯科（Francesco de Melzi, 1491-1570）跟隨著他客居法國，陪伴他直到他去世，並且繼承了他的遺產。現代的傳記作者言之鑿鑿地認為，關於他和學生們有性關係的影射，是對於這位偉人無的放矢的侮辱，對此我們不敢那麼確定，但是我們認為達文西和年輕人的感情關係就像當時的師徒一樣，並沒有涉及性行為。而我們也沒辦法猜測說他有多麼頻繁的性生活。

若要理解這種感情以及性生活的特殊性與達文西身兼藝術家和科學家的雙重天性之間的關係，我們只有一個途徑。傳記作家對於心理學的觀點很陌生，其中我只知道索爾密找到了謎底；但是有個作家選擇達文西作為一部偉大的歷史小說的主角，他就是梅列日科夫斯基（Dmitry Sergewitsch Mereschkowski）（注41），他以類似的方法解讀這個偉人，以生動而不枯燥的筆調敘述他的看法（注42）。索爾密關於達文西的判斷是：「但是達文西難以止息地渴望要認識周遭事物，並且以冷靜的優越感探究所有完美事物的深層奧祕，使得達文西的作品註定都要胎死腹中。」（注43）

《達文西：翡冷翠講座》（*Leonardo da Vinci, conferenze fiorentine*）裡有一篇論文引用了達文西的一段話，其中表露了他的信仰以及其性格方面的關鍵：

「如果你沒有先認識一個事物，就談不上愛它或恨它。」（注44）

也就是說：如果人沒有澈底認識一個事物的本質，他就沒有權利愛它或恨它。達文西在《繪畫論》的某個段落裡答辯人們指摘他不信神時又說了一次：

「這種指責可以休矣。因為那個行為是要認識創造了這麼多美好的事物的造物主的方法，那也是愛一個這麼偉大的創造者的方法。因為，偉大的愛其實源自對於愛的對象的偉大認識，而如果你對它所知有限，那麼你對它的愛也只有一點點，或者根本沒辦法愛它……」（注45）

達文西這些說法的價值並不在於告訴了我們什麼重要的心理事實，因為那些說法顯然都是錯誤的，而達文西也應該和我們一樣心知肚明。人並不是等到研究了情感的對象、認識了它的本質之後，才會去愛它或恨它，而是基於和知識無關的情感動機、本能地去愛它，而一經思索和反省，那些情感動機的作用反而會大打折扣。達文西的意思可能只是說，人們的愛並不是正確而沒有瑕疵的愛，人在墜入情網時，應該擱下感情，反覆思索它，直到它通過了思考的檢驗才可以放行。而我們也知道他要告訴我們他就是這樣的人；如果其他人也像他一樣擱置愛恨，那會是很值得去做的事。

他也的確是這樣的人。他的情感被馴服了，臣服於研究欲望；他心中既沒有愛也沒有恨，他只是問那些讓他心生愛恨的東西是打哪裡來的，它們意味著什麼，因此他對於善惡美醜一開始也會表現出漠不關心的樣子。在研究當中，愛憎會擺脫它們的記號，一起轉變成思考的興趣。其實達文西並不是那麼清心寡欲的人，他也不乏神性的火花，那是所有人類行為的直接或間接的原動力，也就是「原動者」（il primo motore）。（注46）他只是把情欲轉換成求知欲而已，接著以來自情欲的堅持不懈、恆久不變和沉浸濃郁投入研究當中，依據習得的知識，達到思想工作的極致，收斂許久的感情終於迸發出來而自由宣洩，就像自大河分出的支流完工一樣。一旦到了一種知識的高度，他就可以極目四望而情不自勝，以心醉神馳的語詞歌頌他所研究的受造物的漪歟盛哉，或者穿上宗教的外衣，讚美造物主的至高至大。索爾密充分掌握到達西文的這個轉變歷程。他引用了達文西歌頌大自然美好的必然性（O mirabile necessità）的一段話，並且說：「這種自然科學的變身為一種宗教情操，我要說，正是達文西的筆記裡的特色，它出現了不下數百次。」（注47）

由於達文西永不饜足而不屈不撓的研究欲望，人們把他叫作「義大利的浮士德」。但是撇開研究欲望是否有可能變回對於生命的欲望不談（我們應該把它當作浮士德悲劇的預設），我們可以大膽地說，達文西的演變更像是斯賓諾沙主義（spinozistisch）的思考模式。（注48）

就像物理力一樣，心理驅力在轉換成各種形式的活動時也會有所耗損。達文西的例子告訴我們，在這樣的歷程裡要注意許多其他東西。把愛擱置到認識的後面，結果知識就變成了替代品。當人沉浸在知識裡，就再也沒辦法真正去愛或恨，他會一直在愛恨之外。他在探究事物，而不是在愛它。或許這就是為什麼相較於其他大人物和藝術家，達文西在愛情方面顯得乏善可陳。在其他人身上那種慷慨激而熱血沸騰的天性盡情奔放的激情，似乎和他一點也沾不上邊。

此外還有其他副作用。這樣的人只知道要研究，而不思行動和創造。但凡人開始直覺到世界的浩瀚無垠以及它的種種必然性，就很容易會忘卻他渺小的自我。他會沉醉於驚豔和讚嘆當中而撫膺長嘆，油然生起謙卑之心，他忘了自己也是這個創世力量的一部分，忘了他其實也可以盡一己之力以扭轉這個世界的一點點必然軌跡，在這個世界裡，再怎麼渺小的事物也和至大者一樣美好而重要。

索爾密認為達文西或許是為了他的藝術才著手從事研究的（注49），他鑽研光、顏色、陰影、透視的性質和法則，以掌握摹仿自然的技巧，並且把這個方法傳授給其他人。或許當時他高估了這些知識對於藝術家的價值。由於作畫的需求，驅使他去研究繪畫的種種對象，動物和植物，人體的比例，從人的外形一直到內部構造及生命功能，這些功能也會表現在他們的外觀上，也是藝術必須描摹的。到頭來，這個使他不能自已的驅力（Trieb）不斷拉扯他，而和他的藝術的要求漸行漸遠，他卻因而發現了力學的普遍定律，推斷出亞諾河谷（Arnotal）（注50）的沉積物和化石的年代，甚至在他的書裡用大寫字母記載了一個知識：「太陽是不動的。」（Il sole non si move）他的研究遍及於所有自然科學的領域，在每個領域裡，他是個發現者，或者至少是個預言者或開創者。（注51）可是他的求知欲僅限於外在世界，對於人類心理世界的研究則不知怎的興趣缺缺；在「達文西學院」（Academia Vinciana）

（注52）裡（達文西為它畫了一個漂亮而繁複的徽章），心理學並沒有太多的討論空間。

接著他又從研究回到原來的藝術創作上，這時候，他的興趣的轉向以及心理作用的性質的改變使他相當困擾。他會對於畫作的一個問題特別感興趣，接著卻又看到層出不窮的其他問題，就像他習慣於探討沒有止境的、無解的自然科學問題那樣。他再也沒辦法約束他的要求，也沒辦法把藝術孤立起來，讓它抽離其所屬的巨大脈絡。他殫精竭慮地想要把和他的思想有關的一切都表現在作品裡，到頭來卻只能中輟它們，或者是宣稱它們是未完成的作品。

有一度，他心裡的藝術家猶如雜役一般地為科學家服務，現在這個僕人羽翼已豐，反過來要壓迫他的主人了。

當我們看到一個人的性格特徵裡有一個驅力特別突出，正如達文西的求知欲，我們會把它解釋成一種特殊的天性，儘管我們對於它可能的生物侷限性所知不多。然而透過我們對於精神官能症患者的心理分析研究，我們習慣會預期在每個個案裡證實兩個假設。我們會認為那個特別突出的驅力在一個人很小的時候就已經相當活躍並且左右他的童年生活，以建立它的主導權，我們也會假設說，它會假借原本的性驅力而不斷強化自己，到頭來取代了一部分的性生活。例如說，這種人會廢寢忘食地從事研究，他的熱情相當於其他人對於情人的愛意，以獻身研究取代對別人的愛。不僅是研究的欲望，大部分具有相同驅力強度的欲望，我們都可以大膽地歸因於一種性欲的強化作用。

對於人們日常生活的觀察告訴我們，大多數的人都可以把他們相當程度的性驅力轉移到職場上。在這方面，性驅力尤其派得上用場，因為它天生具有昇華（Sublimierung）的能力，也就是說，可以用其他價值更高的、和性欲無關的目標取代之。我們把這個歷程視為已經證實的事，因為兒童的歷史，也就是一個人的心理發展史，告訴我們說，在兒童時期有相當多的驅力投注到性欲興趣上。我們還有另一個證據，那就是性成熟期的性生活會有顯著的萎縮，彷彿一部分的性活動被另一個強大驅力的活動取代了似的。

我們似乎特別難以把這種預期套用在強烈的研究欲望上面，因為我們沒辦法說孩子會有這麼認真的欲望或是顯著的性欲興趣。不過這些困難並不難克服。小孩子的求知欲會表現在他們打破沙鍋問到底的欲望上，大人們會感到莫名其妙，如果他們不知道所有這些問題只是在兜圈子而沒完沒了，孩子只是用它們來取代另一個還沒有問的問題而已。當孩子長大而且懂事了，這種求知欲的表現就會戛然而止。不過心理分析的研究會提供我們一個充分的解釋，許多孩子，也許是大多數的孩子，或者至少是聰明的孩子，在大概三歲時都會經歷一個時期，可以稱之為嬰兒性探索期（infantile Sexualforschung）。就我們所知，這個年紀的孩子的求知欲並不是自然醒來的，而是對於一個重大經驗的印象，例如弟弟妹妹的出生或是依據別人的經驗而對於這件事產生的恐懼，他會覺得那個孩子威脅到他自私的利益。孩子要探究的是那些孩子是打哪裡來的，他似乎是想方設法要阻止這件討厭的事。我們很驚訝於孩子居然會拒絕相信他們被告知的事，例如說，他們完全不相信充滿神話意義的送子鳥的寓言故事，他們的思想獨立性正是以這種拒絕相信的行為作為起點，他們時常覺得必須和大人所說的話唱反調，也沒有辦法原諒大人在這些事上面對他們隱瞞真相的行為。他們自己想辦法探究，猜想胎兒在子宮裡的住處，任憑自身的性欲衝動的引導，想像孩子是由吃下去的東西變出來的，是自大腸生出來的，他也會想像父親到底扮演什麼莫名其妙的角色，他那時候就隱約知道性行為的存在，對他而言，那似乎是有敵意的、暴力的事。可是正如他自己的性器官還沒有發育到可以生小孩的階段，他對於孩子從哪裡來的探究也只好無疾而終。在第一個思想獨立的試

驗裡的挫折印象會一直持續下去，並且使他感到沮喪。（注53）

當嬰兒性探索期因為一陣強大的性潛抑（Sexualverdrängung）而終止，就這個探究的欲望接下來的命運而言，會從孩子早期和性欲興趣的串連而衍生出三種不同的可能性。探究有可能和性欲的命運一樣，求知欲自此就被抑制，自由思考的活動一輩子都被框限，尤其是不久之後就會有教育接手類似宗教的強大思想箝制。這就是精神官能症典型的抑制作用。我們都很清楚，後天的思考貧弱對於精神官能症的好發有推波助瀾的作用。在第二種典型裡，知性的發展足以對抗和他不斷拉扯的性潛抑。在嬰兒性探索期衰退了一陣子之後，當知性漸漸增強，它會想起早期的聯結而使人避開性潛抑，而被潛抑的性探索會從無意識裡回來，作為一種強迫性思考（Grübelzwang），當然是扭曲而不由自主的，卻也相當強烈，足以使思考性欲化，並且以自身性潛抑的快感和恐懼去突顯知性的操作。這裡的探索會變成性行為，而且往往是排他性的，在思考裡得到解決和解釋的那種感覺，會取代性愛的滿足；可是孩子在探究時沒完沒了的性格也會不斷重複，因為這個強迫性思考不會有盡頭，而在思想裡找到解答的那種感覺也越來越遙不可及。

第三種最罕見也最完美的類型，則是特殊的思考抑制作用或是精神官能症的強迫性思考的力量不能左右的。性潛抑固然也會在這裡上場，可是它沒辦法把性快感的一部分驅力趕到無意識裡，反倒是原欲（Libido）掙脫了潛抑的命運，因為它一開始就昇華為求知欲，附著在強烈的探索驅力上，而產生推波助瀾的作用。探索在這裡或多或者也變成了一種強迫症而取代了性行為，但是由於作為其基礎的心理歷程完全不同（那是昇華而不是突破無意識），所以精神官能症的性格一直沒有出現，也看不出來和嬰兒性探索的原始情結的束縛，驅力也有可能自由地應用在思考的興趣方面。而驅力也會有鑒於由昇華了的原欲推波助瀾的性潛抑，而避免探究任何性欲的主題。

如果我們考慮到達文西過度強烈的研究欲望和他的性生活的萎縮（這裡僅限於同性戀的情愫）之間的共同點，我們會傾向於把他視為第三個典型的一個範例。在嬰兒的求知欲活動被應用到性欲的興趣方面之後，他就得以把大部分的原欲昇華到對於研究的渴望上面，而這或許就是他的生命的核心和祕密。然而我們當然很難為這個看法提出什麼證據。為此，我們必須了解他童年初期的心理發展，而關於他的生平的敘事相當貧乏且難辨真偽，我們這個時代的評論者也不在意當時環境的問題，所以要指望從這些資料得到什麼見解，似乎是很不理智的事。

關於達文西（Leonardo di ser Piero da Vinci, 1452-1519）的年輕時代，我們所知甚少。一四五二年，他出生在位於翡冷翠和恩波里（Empoli）之間的小鎮文西（Vinci）；他是個非婚生子，在那個時候當然不算是什麼重大的市民身分的污點；他的父親是皮耶洛．達文西（Ser Piero da Vinci, 1426-1504），他是一個公證人，家族世代以公證人和農夫為業，他們的名字是取自「文西」這個地名；他的母親叫作卡特琳娜（Caterina di Meo Lippi, 1431-1493），可能是個農家女，她後來改嫁給文西鎮另一個居民。這個母親在達文西的生平裡再也沒有出現過，不過梅列日科夫斯基相信他找到關於她的若干蛛絲馬跡。關於達文西的童年唯一確定的資訊是一四五七年的一份官方文件，那是翡冷翠的一份地籍冊（Steuerkataster），在登錄的家族成員當中，達文西被記載為皮耶洛的非婚生兒子，當時年僅五歲。（注54）皮耶洛在和亞貝拉（Donna Albeira）的婚姻裡並沒有孩子，所以年幼的達文西有可能是在父親的家裡被撫養長大的。直到他不知道幾歲的時候到韋羅基奧的安德烈（Andrea del Verrocchio, c. 1435-1488）的畫室當學徒（注55），才離開父親的家。一四七二年，達文西的名字已經見於「畫家協會」（Compagnia dei Pittori）的成員人名錄裡。我們所知大概就是這些了。

注1：（譯注）語出席勒（Friedrich von Schiller, *Das Mädchen von Orleans*, 1801）。

注2：（譯注）達文西應該是叫作「文西鎮的李奧納多」，全名為「Leonardo di ser Piero da Vinci」，意思是「文西鎮皮耶洛之子李奧納多」。佛洛伊德原文皆作「李奧納多」（Leonardo），譯文則是從俗一概叫作「達文西」。

注3：布克哈特（Jacob Burckhardt），引自：Alexandra Konstantinowa, *Die Entwicklung des Madonnentypus bei Leonardo da Vinci*, Straßburg, 1907 (*Zur Kunstgeschichte des Auslandes*, Heft 54)。

注4：（譯注）瓦薩利是義大利文藝復興時期畫家、建築師以及傳記作家，他的《藝苑名人傳》（*Le vite de' più eccellenti architetti, pittori, et scultori italiani, da Cimabue insino a' tempi nostri*）可以說是史上第一部西洋藝術史著作。

注5："Egli per reverenza, rizzatosi a sedere sul letto, contando il mal suo e gli accidenti di quello, mostrava tuttavia, quanto aveva offeso Dio e gli uomini del mondo, non avendo operato nell' arte come si convenia." Vasari, Vite etc. LXXXIII. 1550-1584。

注6：（譯注）「瓦薩利為達文西所寫的傳記中形容的最終場景，一如其他許多段落，可能都混合了事實與個人想像。他寫下，達文西『感覺自己接近死亡，要求接受天主信仰、生命正道與神聖基督宗教的勤奮教導。接著在諸多呻吟中，他進行認錯懺悔，

雖已無法自行起身，但在友人僕役攙扶下，他愉悅虔誠地進行最神聖的聖事。』」
見：華特・艾薩克森，《達文西傳》（Walter Isaacson, *Leonardo da Vinci*），頁 509，嚴麗娟、林玉菁譯，商周出版，2019。

注7：（譯注）「前往斯福爾扎宮廷時，達文西的身分原本包括音樂使者，帶來他自己設計的樂器；那是原本宮廷藝人間頗受歡迎的里拉琴。拿法跟小提琴一樣，有五條用弓拉的弦，和兩條用手撥的弦。『設計很奇怪，很不尋常，是他親手做的，』瓦薩利寫道：『主要是銀質，形狀是馬顱骨，製作的方法讓和聲更飽滿，音調更響亮。』」
見：《達文西傳》，頁 128。

注8：（譯注）見：《達文西傳》，頁 108-109。

注9：（譯注）《繪畫論》又叫作《烏爾比諾手稿》（*Codex Urbinas*），為達文西遺著，於一六五一年出版。至於手稿則佚失了兩百多年，一八一七年於烏爾比諾圖書館被發現。

注10：*Traktat von der Malerei*, neu herausgegeben und eingeleitet von Marie Herzfeld, E. Diederichs, Jena 1909。

注11：（譯注）佩魯吉諾（Pietro Perugino, c.1446/1452-1523），義大利文藝復興時期畫家，據說拉斐爾是他的學生。

注12：Solmi, La resurrezione dell' opera di Leonardo, in: *Leonardo da Vinci, Conferenze Fiorentine,* Milano 1910。"Pareva che ad ogni ora tremasse, quando si poneva a dipingere, e però non diede mal fine ad alcuna cosa cominciata, considerando la grandezza dell'arte, tal che egli scorgeva errori in quelle cose, che ad altri parevano miracoli."

注13：（譯注）應該是指：*Madonna col Bambino, Roma, Chiesa di S. Onofrio*。

注14：（譯注）據推測是由後人依據達文西於 1510-15 年間的底稿畫成。原本的形象可能是施洗者約翰。

注15：引自：Scognamiglio, *Ricerche e Documenti sulla giovinezza di Leonardo da Vinci,* Napoli 1900. "Protogen che il penel di sue pitture, Non levava, agguaglio il Vinci Divo, Di cui opra non è finita pure."

注16：（譯注）普洛多根尼（Protogenes），西元四世紀左右的希臘畫家，他以專注投入許多時間在每個作品上面著稱於世，可是他沒有任何作品存世，因此洛馬佐以此諷刺達文西。

注17：（譯注）達文西依據他的油畫底稿著手創作《最後的晚餐》，並且發明了一種混合油彩和蛋彩的顏料。

注18：（譯注）據說達文西在完成作品前，修道院院長不斷催促進度，被達文西悍然拒絕，

於是院長一狀告到大公那裡。達文西辯稱像他這種天才，有時看似無所事事，其實忙得很，因為他需要「苦想冥想，完成各種構思」，才可以著手創作。後來他就以院長為摹本畫了猶大這個角色。另見：《達文西傳》頁 287：「『天分極高的人做得最少的時候，反而成就最高，』他對公爵說，『因為他們的腦子裝滿了想法，要讓概念盡善盡美，之後概念才會成型。』」

注 19：（譯注）另見：《達文西傳》頁 286。

注 20：（譯注）斯福爾扎的盧多維科大公的父親。

注 21：（譯注）一四八二年，大公委託達文西為其父親創作雕像，預備做成紀念碑，達文西僅完成若干手稿，見於《馬德里手稿》（*Codici di Madrid*），以及一個黏土模型。一四九九年，該模型被法軍摧毀。

注 22：W. v. Seidlitz, *Leonardo da Vinci, der Wendepunkt der Renaissance*, 1909, I. Bd., S. 203。

注 23：（譯注）喬宮多的麗莎（Lisa di Giocondo, 1479-1542）為格拉底尼（Gherardini）家族成員。

注 24：v. Seidlitz, loc.cit., II, Bd., S. 48。

注 25：W. Pater, *Die Renaissance*, Aus dem Englischen, Zweite Auflage 1906。「然而有一件事是確定的，那就是他有一段日子幾乎不再是個藝術家。」

注26：（譯注）相當古老的作畫技法，在義大利文藝復興時期相當盛行，其方法為把顏料塗在剛抹好的灰泥牆上作畫，和灰泥一起凝固後便成為牆壁的永久部分。作畫時必須在灰泥乾燥前快速完成且無法修改。

注27：另見：v. Seidlitz, Bd. I, *die Geschichte der Restaurations- und Rettungsversuche*。

注28：（譯注）關於修復的工作，見《達文西傳》頁 299-300。

注29：（譯注）達文西沉浸於草稿習作，因而延宕了創作。此外，他也實驗以不同的顏料創作，致使壁畫在一場大雨後幾乎全毀。見：《達文西傳》頁 360-370。

注30：E. Müntz, *Leonard de Vinci*. Paris 1899, S. 18。當時一個來自印度的人在寫信給一個梅第奇家族的信裡提到達文西的這個怪癖。見：Richter: *The Literary Works of L. d. V*。

注31：F. Botazzi, Leonardo biologo e anatomico, In: *Conferenze fiorentine*, S. 186, 1910。

注32：（譯注）波爾吉亞的切薩雷（1475-1507），義大利軍官、樞機主教，為當時義大利一方之霸，一五〇二年，達文西被迫擔任其軍事工程師。

注33：（譯注）見《達文西傳》頁 344-352。

注34：（譯注）在《法國戰役》裡，歌德以冷漠的筆調描寫由普魯士、保皇黨和奧地利組成的聯軍在一七九二年鎮壓法國大革命失敗的事件。

注35：Marie Herzfeld, *Leonardo da Vinci der Denker, Forscher und Poet*, Zweite Auflage, Jena 1906。

注36：他蒐集的滑稽故事（belle facezie）（還沒有翻譯成德文）也許是個例外。見：

Herzfeld, L. d. V., S. CLI。

注37：達文西在一幅素描裡以解剖學的縱剖圖描繪性交行為，當然不能說那是淫穢的，而且看得出來有若干明顯的錯誤，那是萊特勒（Dr. R. Reitler）醫師（*Interna. Zeitschr. f. Psychoanlayse* IV, 1916/17）發現的，他也談到這裡指出的達文西的特質：

> 在性交行為的描繪當中，這個強烈的研究欲望想當然爾地因為更強大的性潛抑而完全失敗了。男人的身體整個都畫出來了，而女人則只有一部分。如果我們遮住頭部以外的所有部位，而讓一個客觀公正的人看一下，我們敢說他會以為那是一個女性的頭部，額頭的捲髮以及沿著背部飄垂到脊椎第四、五節的頭髮，足以讓人認定這是女性的頭部而不是男性的。女性的胸部有兩個錯誤。第一個錯誤是藝術方面的，因為它的輪廓看起來像是乾癟而下垂的乳房。第二個錯誤則是解剖學方面的，因為身為研究者的達文西顯然由於厭惡性愛而沒有仔細觀察過任何一個哺乳的女性的乳頭。如果他看過，他就會注意到乳汁是從許多乳腺分泌出來的。可是達文西只畫了一條導管，一路通到腹腔，達文西可能認為乳汁是來自乳糜池（Cysterna chyli），而且在某個地方連接到性器官。當然我們也要考慮到當時對於人體內部器官的研究是很困難的事，因為解剖死者屍體被認為是污辱屍體，會處以重刑。達文西手上可以

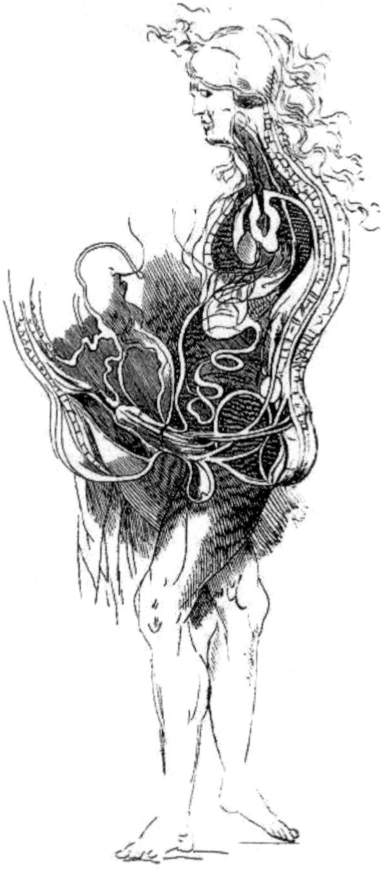

利用的解剖資料應該很少，他是否知道腹腔裡有淋巴池（Lymphreservoir）（譯注：就是乳糜池）這種東西，其實是要存疑的，儘管他明確地畫了一條這樣的管子通到腹腔。可是他把乳腺一直往下畫到體內性器官，我們猜想他是要以視覺上的解剖學關聯性表現乳汁的開始分泌和妊娠的結束的時序關聯性。然而就算我們考慮到當時的情況而體諒藝術家對於解剖學知識的不足，還是會注意到達文西草草幾筆就帶過女性生殖器官。我們固然可以辨識出陰道以及子宮頸的模糊輪廓，可是子宮本身的線條卻是一團混亂。相反的，達文西把男人性器官畫得正確得多。例如說，他不只要畫出睪丸，更正確地勾勒出副睪。特別奇怪的是達文西選擇描繪的性交體位。許多優秀的藝術家的畫作和素描都描繪過諸如後入體位和側入體位等方式，可是達文西選擇站立式的性交行為，這種感覺有隔閡而且怪誕的表現形式，讓人懷疑其原因是特別強烈的性潛抑。如果一個人想要享受，他會盡可能讓自己舒服。以下兩個原始本能，飢餓和愛，當然也不例外。古代大多數的民族都會躺著吃飯，現在一般人也會像我們的祖先一樣舒舒服服地躺下來交媾。臥姿或多或少表示，如果情況如其所願，他會想要持久一點。那個女性化的男人頭部也顯露出不耐煩的厭惡表情。他皺起眉頭，眼神嫌惡地轉向一邊，抿著嘴唇，嘴角低垂。這張臉孔完全讓人感覺不到愛人的喜悅或是滿足的幸福。它只有表現出不耐煩和厭惡。可是達文西最拙劣的錯誤是在兩個下半身的描繪。男人的腿應該是右腳才對；因為達文西是以縱剖圖的方式描繪性愛行為，所以男人的左腳應該是在畫面的上半部，同理，女性的腳應該是在左側才對。可是達文西把男人和女人的腳對調了。男人的腳是左腳，而女人的腳是右腳。我們只要注意到大拇趾在足部內側，很容易就明白這個對調了。光是從這個解剖的素描，我們就可以推斷這位偉大的藝術家和科學家近乎瘋狂的原欲潛抑（Libidoverdrängung）了。

注38：（譯注）義大利文藝復興時期女詩人。一五三六年，四十六歲的維多利亞回到羅馬，

成為米開朗基羅熱情追求的對象，他為她寫了許多十四行詩，為她畫素描，和她形影不離，而她也以靈性的詩相互酬唱。直到她離開羅馬以後，兩人仍然魚雁不斷。

注39：（譯注）一四七六年四月，達文西被控和男妓通姦。關於達文西的同性戀傾向，見：《達文西傳》，頁 82-86。

注40：見：Scognamiglio, loc.cit., S. 49；《亞特蘭提科斯手稿》（*Codex Atlanticus*）裡有個費解而且言人人殊的段落說：「當我把主畫成一個嬰兒的模樣，你讓我鋃鐺入獄；現在我把祂畫成了大人的模樣，你更加要整治我了。」（Quanto io feci Domeneddio putto voi mi metteste in prigione, ora s'io lo fo grande, voimi farete peggio.）

注41：（譯注）梅列日科夫斯基（1866-1941），俄羅斯象徵主義作家。主要作品有小說三部曲《基督與敵基督》。

注42：（譯注）Mereschkowski. *Leonardo da Vinci. Ein biographischer Roman aus der Wende des XV. Jahrhunderts*, Deutsche Übersetzung von C. v. Gülschow Leipzig 1903。它是小說三部曲《基督和敵基督》（*Christ und Antichrist*）的第三部（《諸神復活：達文西》）。另外兩部則叫作《諸神之死：背教者尤利安》（*Julian Apostata*）以及《敵基督：彼得大帝和亞列克西》（*Peter der Große und Alexei*）。

注43：Solmi, *Leonardo da Vinci*, Deutsche Übersetzung von Emmi Hirschberg, Berlin 1908, S. 46。

注44：Filippo Botazzi, *Leonardo biologo e anatomico*, S. 193, "Nessuna cosa si può amare nè odiare, se prima non si ha cognition di quella."

注45：Marie Herzfeld. *Leonardo da Vinci, Traktat von der Malerei*, Nach der Übersetzung von Heinrich Ludwig, neu herausgegeben und eingeleitet, Jena 1909 (Abi.chnitt I, 64, S. 54)。

注46：（譯注）即亞里斯多德所說的「不動的原動者」（τὸ πρῶτον κινοῦν ἀκίνητον），為世界的第一因或神。

注47：Solmi, La resurrezione etc., S. 11. "Tale trasfigurazione della scienza della natura in emozione, quasi direi, religiosa, è uno dei tratti caratteristici de' manoscritti vinciani, e si trova cento volte espressa"。

注48：（譯注）斯賓諾沙說：「對於涉及人類事物的東西，不要哭泣，不要激憤，但請理解。」

注49：*La resurrezione* etc., S. 8.：「達文西認為畫家應該要研究大自然……然而研究的熱情太強烈了，使得他不再是為了藝術而研究科學，而是為了科學本身而研究科學。」

注50：（譯注）《亞諾風景素描》（*Paesaggio*, 1473），達文西也據此提出連接比薩和翡冷翠的運河計畫。

注51：見：Marie Herzfeld, Jena 1906。其中關於其生平的導論列舉了他的科學成就。另見：

Conferenze Fiorentine, 1910。

注52：（譯注）即「Academia Leonardi Vinci」，據說是達文西於一四八二年在米蘭創立，其實只是讓文人雅士聚會聊天的地方，但其真實性相當可疑。

注53：另見拙著："Analyse der Phobie eines fünfjährigen Knaben," in: *Jahrbuch für psychoanalytische und psychopathologische Forschungen*, Bd. I, 1909, II. B., 1910，其中的觀察可以佐證這個聽起來不太可能的主張。我在拙著《嬰兒期性理論》（*Infantile Sexualtheorie*, 1908）寫道：「然而這個猜想和懷疑會成為後來對於問題的思考的模型，而第一次的挫敗也會一直阻礙他的發展。」

注54：Scognamiglio, loc. cit. 7 S. 15。

注55：（譯注）韋羅基奧是當時義大利著名的畫家、雕塑家和金匠，在翡冷翠開了一家重要的工作室，一說達文西是在十四歲的時候到他的工作室當勤雜工（garzone），十七歲成為學徒。

第二章

就我所知，在達文西的科學札記裡，只有一處插敘提到他的童年。在談到鳶鳥（Geier）如何飛行的段落裡，他突然中斷，而回想起他的童年。（注1）

「我似乎以前就註定要致力於深入研究鳶鳥，因為我在搖籃裡有一個童年回憶，一隻鳶鳥朝著我俯衝而下，用牠的尾巴撐開我的嘴巴，並且用尾巴不斷拍打我的嘴唇內部。」（注2）

這的確是個相當匪夷所思的童年回憶。它之所以匪夷所思，是因為那個回憶的內容以及它所處的年齡。一個人擁有哺乳期的記憶，或許並不是不可能的事，但不會那麼確定。可是達文西在回憶裡說一隻鳶鳥用牠的尾巴撐開孩子的嘴巴，聽起來太不可置信、太像童話了，於是有人提出另一個看法，它可以解決這兩個難題，並且讓我們更容易判斷它。那個鳶鳥的場景並不是達文西的一個回憶，而是他後來虛構出來而且移植到他的童年的一個幻想。（注3）人的童年回憶的產生往往不外乎是這種方式；它們不同於成熟期的有意識的回憶，並不是剛剛體驗到了就被記錄下來並且不斷重演，而是直到童年期過後才會被拿出來，而且會被改動、偽造，迎合後來的種種傾向，使得它們一般來說和幻想難以分辨。或許沒有比古老民族歷史記載的方式更容易說明它們的性質了。弱小的民族是不會想到要記載歷史的；人們種田，為了他們的生存而對抗鄰族，試圖侵占其土地，掠奪其財富。那是個不重視歷史的英雄時代。接著則來到另一個時代，人們開始覺得自己富庶強大，才有需要知道自己是從哪裡來的，是如何演變的。自此開始完整記錄當下的體驗的歷史書寫，也會回顧過去，蒐集民間故事和傳說，詮釋舊時風俗習慣的遺風餘思，就這樣建構起過去的歷史。這種史前史難免會是當下的意見和願望的一種表現，而不是對於過去的忠實描摹，因為許多東西已經被民族的記憶排除了，而有些則是被歪曲了，人們以當下的意義曲解了某些過去的痕跡，此外，他們也不是基於求知欲的動機而撰述歷史的，而是因為要影響當時的人，鼓勵他們，振奮他們，要他們以史為鑑。一個人關於其成熟期經歷的記憶和歷史書寫如出一轍，而童年回憶就其起源以及可信度而言，其實相當於一個民族晚近有傾向性地撰述的上古史。

如果說達文西關於一隻鳶鳥造訪在搖籃裡的他的敘事只是後來虛構的幻想，那麼或許有人會認為其實不必為它多費心思。達文西認為他對於鳶鳥飛行的研究是命中註定的事，或許有人會以此解釋他的幻想就算了。但是這麼輕率的處置其實是不當的，就像人們對於傳說、故事以及對於一個民族的史前史的詮釋材料不屑一顧一樣。儘管其中有許多扭曲和誤解，它們仍然代表著過去的實在性；那是一個民族依據他們對於上古時代的經驗建構出來的，並且在一個自古至今一直很強烈的動機的支配下，我們只要認識到其中的所有作用力而還原種種扭曲，應該就可以在這些傳說材料背後找到歷史真相。個人的童年回憶或幻想也是如此。一個人相信他的童年回憶，這並不是無關緊要的事；在他不明究裡的記憶片段裡，往往埋藏著關於其心理發展的重要特徵的珍貴證據。（注4）既然現在我們有心理分析技巧輔助我們揭露這個隱藏的事物，我們就可以透過他的童年幻想的分析去填補達文西生平故事裡的缺口。就算我們沒辦法做到完全確定的程度，但是想到其他許多關於這個謎樣的偉大人物的研究也不得其門而入，或許會稍感寬慰。

可是當我們以心理分析學家的角度審視達文西的鳶鳥幻想，它似乎就沒有那麼荒誕了；我們都記得自己也時常有類似的經歷，例如在夢境裡，所以我們可以大膽地把這個幻想的奇特語言翻譯成一般人可以理解的說法。於是這個翻譯會指向愛欲的事物。尾巴（coda）是人類生殖器官最常見的象徵和代稱，不管是義大利文或其他語言；在幻想裡的那個情境，一隻鳶鳥撐開一個孩子的嘴巴，用尾巴在他嘴裡猛力拍打，相當於一種口交（fellatio）的概念，那是把陽具放到對方嘴裡的性行為。奇怪的是這個幻想從頭到尾都是被動的；它類似於女性或是被動方的同性戀者（在性交裡扮演女性的角色）的若干夢境和幻想。

心理分析第一次應用到這位偉大而純潔的人物身上就犯了不可原諒的誹謗之罪，我希望讀者自我克制一下，不要因此就對它大動肝火並且嗤之以鼻。這樣的義憤填膺並沒有辦法告訴我們達文西的童年幻想有什麼意義；另一方面，達文西也明確承認那是個幻想，於是我們會期待說（或者說是先入為主的成見），這樣的幻想和所有心理產物一樣，例如夢境、靈視、譫妄（Delirium），必定會有一個意義。所以，我們或許可以不帶偏見地聽聽還沒有蓋棺論定的分析工作怎麼說。

把男人的陽具放到嘴裡吸吮它的傾向，在中產階級社會裡，它被視為卑鄙的性變態，而對於我們這個時代的女性——以前的雕塑告訴我們過去的時代也是如此——卻是習以為常的事，在墜入情網的情況下，它更是完全擺脫了猥褻的性格。醫師會在女性病患身上看到以這種傾向為基礎的幻想，她們不只是因為讀了埃賓（Richard von Krafft-Ebing, 1840-1902）（注5）的《性變態》（*Psychopathia sexualis*）或經由其他管道才認識到這種性滿足的可能性的。女性似乎很容易會自動地創造出這種願望式的幻想。（注6）於是，深入研究也告訴我們，如此傷風敗俗的境況，其源頭其實只是無傷大雅的小事。它只是另一種境況的舊瓶新裝而已，我們在那個境況裡曾經感到一切都如此自在愜意，我們在哺乳期（「當我在搖籃裡」）的時候，會把母親或奶媽的乳頭放到嘴巴裡。我們人生第一次享樂的器官印象完整無損地烙印在心裡；當孩子後來認識到母牛的乳房，它在功能上是個乳頭，可是依據它的形狀以及在腹部底下的位置，它卻很類似陽具，於是他便來到了後來形成那種猥褻的性幻想的預備階段。

現在我們明白了達文西為什麼會把他所謂和鳶鳥相遇的經驗擺在他的哺乳期。這個幻想所隱藏的，只是對於吸吮（或被吸）母親的乳頭的回憶，那是對人類而言美不勝收的場景，而他和其他藝術家一樣，也以聖母和聖嬰作為表現形式，以畫筆描摹這個美麗的畫面。不過我們還有一點不明白而想要證實的，那就是這個對於兩性而言都同樣重要的回憶，達文西為什麼把它偽裝成被動的同性戀幻想。我們會暫時擱置這個問題，因為它會把同性戀以及吸吮母親的乳房扯在一起，我們只要記得傳說中把達文西形容成一個有同性戀情感的人就可以了。我們並不在意對於年輕的達文西的指控是否正當；也不在意是否真有此事；我們在意的是這個情感態度是否足以讓我們判定某個人具有倒錯（Inversion）的特質。

我們現在感興趣的是達文西另一個不明所以的童年幻想。我們把它解析為被母親吸吮，而又發現這個母親被一隻——鳶鳥——取代了。這隻鳶鳥是打哪裡來的，它怎麼會出現在那個地方？

我們在這裡冒出了一個念頭，它來自遙遠的地方，而且讓人揮之不去。在上古埃及的神聖象形文字裡，「母親」的寫法是一隻老鷹的形象。（注7）這些埃及人也敬拜一個母神，她的頭部被描繪成一隻老鷹，或者是多頭的神，其中至少有一顆頭是老鷹。（注8）這個女神的名字拼音作「姆特」（Mut），音似我們德語裡的「母親」（Mutter），這是否只是巧合而已？（注9）這麼說來，老鷹就真的和母親有關了，可是這對我們有什麼幫助嗎？如果說直到商博庸（François Champollion, 1790-1832）才解讀出象形文字，那麼我們可以說達文西知道這個關聯性嗎？（注10）

我們或許會想要知道上古埃及人怎麼會拿老鷹當作母性的象徵。在古代希臘人和羅馬人那裡，埃及人的宗教和文化就已經是知識獵奇的對象，而早在我們解讀出埃及人的出土文物之前，現有的古典文獻對此就有若干記載，其中有些是出自知名作家的手筆，例如史特拉博（Strabo）（注11）、普魯塔赫（Plutarch）（注12）、馬克魯（Ammianus Marcellus）（注13），有些則出自沒有那麼著名的人士，其出處和著作年代也不確定，例如尼魯斯（Horapollo Nilus）（注14）的《象形文字學》（*Hiero-*

glyphica），以及託名「三倍偉大者赫美斯」（Hermes Trismegistos）（注15）的東方祭司智慧之書。我們由這些文獻可以知道老鷹是母性的象徵，因為當時的人相信這種鳥只有雌鳥而沒有雄鳥。（注16）我們在古代人的自然史裡也看得到這種性別限定的反面說法；埃及人敬拜的聖甲蟲（Skarabäus, scarab），他們就認為只有雄性的。（注17）

可是如果老鷹都是雌性的，牠們要怎麼受孕呢？對此，尼魯斯有個段落解釋得很有意思。（注18）這些鳥飛了一陣子以後會停下來，打開牠們的陰戶，因為風而懷孕。

於是我們不期然地得出一個推論，不久前我們會斥之為無稽之談，現在卻覺得它相當有可能。達文西有可能很熟悉這個科學故事，而埃及人也是依據這個童話才會以老鷹的形象書寫「母親」這個名字，他是個腹笥甚廣的人，其興趣包含了所有領域的文獻和知識。我們在《亞特蘭提科斯手稿》（*Codex Atlanticus*）裡就看到了他在某一段日子裡所涉獵的所有著作書目（注19），此外還有關於從朋友那裡借來的其他著作的許多筆記，而根據李希特（Richter）的記載裡的摘文（注20），也可以知道我們並沒有誇大他的閱讀範圍。其中也不乏古代或當時的自然科學著作。所有這些書都是當時已經出版的，而米蘭正好也是義大利方興未艾的出版業的重鎮。

我們接下去探究，就會看到一段記載，它使得達文西知道這個老鷹故事的可能性大增。尼魯斯的著作的編輯和註釋者相當博學多聞（注21），他在前引的段落裡就提到：「教會相當歡迎這個老鷹的故事，因為他們可以用這種自然事物的論證去駁斥反對聖母童貞生子的人，所以這個說法幾乎處處可見。」

所以說，老鷹單性生殖的寓言不同於聖甲蟲的類似故事，它絕對不是無關緊要的軼事；教父們緊抓著它不放，手裡有個自然史的論證，就可以用來反駁那些懷疑神聖歷史的人。如果依據古人的記載，老鷹是由風受孕的，那麼一個人類女性為什麼不行？由於它的實用性，「幾乎所有」教父們都習慣講述這個老鷹的寓言故事，那麼達文西透過這些贊助人知道這個故事，應該也沒有什麼好懷疑的。

現在我們可以如此想像達文西的鳶鳥幻想是怎麼產生的。他從教會神父那裡或是在一本書裡讀到說，所有老鷹都是雌鳥，不必雄鳥幫忙也可以繁殖，於是有一次他心裡浮現一個回憶，它變形成那個幻想，卻說他是一隻鳶鳥的孩子，有媽媽而沒有爸爸，此外又加上了吸吮母親乳房的快樂回味。藝術家從作者們那裡得知關於聖母聖子的珍貴想像的暗示（Anspielung），而使得那個幻想對他而言特別刻骨銘心。可是到頭來他卻把自己仿同成那位不僅僅是聖母一人的保惠師和救主的聖子基督。

如果我們說要解剖一個孩子的幻想，那是因為我們想要從這些後來的動機裡抽取出被它們更改和扭曲的真實回憶內容。在達文西的情形裡，我想現在應該算是找到了那個幻想的真實內容了。鳶鳥取代了母親，這暗示著孩子想念他的父親，現在則是和母親住在一起。達文西是私生子的這件事也和他的鳶鳥幻想相當一致，正是因為如此，他才會以一隻鳶鳥的孩子自況。可是我們知道他兒時另一件確定的事，那就是他五歲的時候是住在父親的家裡；他究竟是在出生後幾個月或是在地籍冊登錄的幾個禮拜前才被接到父親家裡的，我們則不得而知。就這個問題，鳶鳥幻想的解析進場了，它告訴我們，達文西在其人生重要的前幾年並不是住在父親和繼母的家裡，而是和窮困的、被拋棄的生母住在一起，使得他在那段日子裡很想念他的父親。這個心理分析的結果雖說微不足道，卻是相當大膽的，只不過我們必須更深入探討才有辦法知道它的重要性。如果我們考慮到達文西童年的事實境況，應該會更加確定。根據記載，在達文西出生的那一年，他父親皮耶洛娶了出身望族的亞貝拉，而由於他們在這段婚姻裡沒有子嗣，我們看到孩子在五歲的時候被接到父親或是祖父家裡，而且有文件證實這件事。可是讓一個盼望著有自己的孩子的新婚妻子照顧一個私生子，並不合乎情理。他們應該是在婚後幾年一直膝下猶虛而感到失望，才決定要收養這個已經發育成熟的私生子，以補償盼不到婚生子的缺憾。這和關於鳶鳥幻想的解析若合符節，也就是說，達文西的人生至少流逝了三年，或許是五年，他孤獨的母親才和那對夫婦互換角色。在他三歲或四歲的時候，有些印象已經固著了，而對於外在世界的反應方式也已經出現，後來的任何經歷都沒辦法剝奪其意義。

如果說那難以理解的童年回憶以及奠基於其上的一個人的幻想，的確一直在突顯他的心理發展當中最重要的事，那麼透過鳶鳥幻想而證實的事實，也就是說，達文西的童年初期是單獨和母親一起度過的，這件事對於他的內心世界的形成也始終有著決定性的影響。在這一連串的作用底下，這個在童年比其他人多了個難題的孩子，難免會熱中於思索這個謎團，年紀輕輕就成了一個研究者，整天煩惱著那些巨大的問題，例如孩子是從哪裡來的，父親和他們的誕生有什麼關係。而他也直覺到他的研究和他的童年歷史有關，才會使得他後來感慨地說他生來就註定要深入探究鳥類飛行的問題，因為他在搖籃裡就被一隻鳶鳥騷擾過。對於鳥類飛行的求知欲其實是源自嬰兒期的性探索，這點並不難以證明。

注1："Questo scriver si distintamente del nibio par che sia mio destino, perchè nella mia prima ricordatione della mia infantia e' mi parea che essendo io in culla, che un nibio venissi a me e mi aprissi la bocca colla sua coda e molte volte mi percuotesse con tal coda dentro alle labbra." (*Cod. atlant.* F. 65 V., nach Scognamiglio)。

注2：（譯注）德文裡的「Geier」（也有禿鷹的意思）和義大利文的「nibio」都是指鳶屬的猛禽。

注3：海夫洛克．艾利斯（Havelock Ellis）在《心理科學期刊》（*Journal of Mental Science*, 1910）裡很客氣地提到這段文字，就上述的說法，也就是認為達文西的這段回憶有真實的證據，提出他的反駁，因為孩子的記憶比我們一般相信的還要早。那隻大鳥不一定是鳶鳥。我很樂於承認這點，為了避免上述的難題，而假設是他的母親看到一隻大鳥飛向她的孩子，而她認為那是個重要的預兆，於是後來不斷對孩子提到這件事，使得孩子一直保有這段敘事的記憶，後來則和他自身經驗的記憶混為一談，那是常有的事。只不過所有這些修正並不會打斷我要敘述的事的關聯性。一般而言，一個人後來虛構出來的童年幻想，都是以已經被遺忘的童年真實事件為依據的。可是，要喚起並且建構一個現實裡不存在的事，就像達文西所謂的「鳶鳥」的大鳥以及怪誕行為，那應該有個祕密的動機才對。

注4：在撰寫本文之後，我也曾經提到另一個大人物的一個難以理解的童年回憶。歌德在六十歲左右撰寫的《歌德自傳》（*Dichtung und Wahrheit*）一開頭幾頁裡就提到，在鄰居孩子慫恿之下，他把陶瓷碗盤扔到大街上，碎滿一地，這就是他提到的童年場景。這個沒頭沒腦的內容，和其他默默無聞的人們的童年回憶其實沒什麼兩樣，再加上歌德在這段故事裡根本沒有提到比他小三、四歲的弟弟（這個弟弟在歌德十歲左右夭折了），這讓我想要分析一下他的童年回憶，我想要以另一個更加符合歌德敘事背景的、讓我們更清楚其一生的分析取而代之。這個分析（(*Imago*, V, 1917, auch *Sammlg. kl. Schriften z. Neurosenlehre*, IV. Folge, 1918）讓我們得以把扔擲碗盤的行為理解為驅除惱人的入侵者的巫術行為，而該段落提到的故事如果被解釋為一種勝利的話，那是說不會有第二個兒子長期干擾歌德和他的母親之間的關係。不管是歌德或是達文西，如果說在這種偽裝底下的童年回憶和母親有關，應該沒有人會驚訝吧？

注5：（譯注）奧地利精神病學家，性學研究的開創者，他的《性變態》是性學研究的經典。

注6：另見：*Bruchstück einer Hysterieanalyse*, in: *Sammlung kleiner Schriften zur Neurosenlehre*. Zweite Folge, 1909（Zweite Auflage, 1912）。

注7：Horapollo, *Hieroglyphica*, 1, 11：「他們畫一隻老鷹……以意指母親。」

注8：Roscher, *Ausf. Lexikon der griechischen und römischen Mythologie*, Artikel Mut, II. Band, 1894-

1897; Lanzone, *Dizionario di mitologia egizia*, Torino 1882。

注9：（譯注）「姆特（母親、老鷹）：地方神，主宰卡納克的安夢神殿南方的伊舍魯湖（Ischeru）。她也是天神，稱為『天空女王』或『雷的眼睛』。她是始祖女神，『太陽升起處的母親』，以及萬物之母，被尊為『孕育萬物而不受生』、『萬母之母』。她以王后為其化身，因此王后經常戴著鷹冠。她的形象原本是老鷹，後來變成戴著鷹冠的女神。」（《神話學辭典》，頁353。）

注10：H. Hartleben, *Champollion. Sein Leben und sein Werk*, 1906。

注11：（譯注）史特拉博（64 BC-c. 24 AD），希臘歷史學家。

注12：（譯注）普魯塔赫（c. 46-119），希臘哲學家和歷史學家。

注13：（譯注）馬克魯（c. 330-391），羅馬軍人和歷史學家。

注14：（譯注）尼魯斯是西元五世紀左右的埃及祭司，他的《象形文字學》於一四二二年被人重新發現。

注15：（譯注）三倍偉大者赫美斯是埃及神托特（Thoth）的希臘文名字，許多赫美斯祕教（Hermetic）著作都是偽託他的名字寫成的。

注16：「他們從來都沒有提過雄鷹，只說有雌鷹。」見：L. S. A. M. von Römer, *Über die androgynische Idee des Lebens. Jahrb. f. sexuelle Zwischenstufen*, V, 1903, S. 732。

注17：普魯塔赫說：「埃及人認為甲蟲只有雄性的，正如他們認為沒有雄鷹一樣。」

注18：*Horapollinis Niloi Hieroglyphica*, edidit Conradus Leemans Amstelodami, 1835。其中提到老鷹的性別的段落說：「他們以老鷹的圖案指謂母親，因為在這個物種裡沒有雄性的。」

注19：E. Müntz, *Leonard de Vinci*, Paris 1899, S. 282。

注20：Müntz, ibid.。

注21：（譯注）指荷蘭的埃及學家康拉杜斯·萊曼斯（Conradus Leemans, 1809-1893）。

第三章

在達文西的童年幻想裡，鳶鳥的元素對我們再現了真實的記憶內容；而達文西的幻想所處的脈絡，也說明了這個內容對於他往後人生的意義在哪裡。在接下來的解析工作當中，我們遭遇到一個讓人困惑的問題，那就是為什麼這個記憶內容會轉化到一個同性戀的境況裡。吸吮孩子的母親——或者更好說是：孩子吸吮的母親——，被變成一隻把尾巴塞到孩子嘴裡的鳶鳥。我們認為，依據一般的代用詞用法，鳶鳥的「尾巴」（coda）只可能意指一個男性生殖器官，一根陽具。可是我們不明白那個幻想活動怎麼會在雌鳥身上配備男性性徵，而有鑑於這個荒謬性，我們也不知道該怎麼把這個幻想的形象化約成一個合理的意義。

可是我們不可以就此氣餒。想一想以前有多少看似荒謬的夢境，我們不也都迫使它們供認出它們的意義嗎？區區一個童年幻想，會比一個夢境更難嗎？

我們要記得，如果有個難題單獨出現而讓人不知所措，那麼就趕緊加上一個更顯著的難題吧。（注1）

根據德勒斯勒（Franz Wilhelm Drexler, 1858-1930）在羅舍（Wilhelm Heinrich Roscher, 1845-1923）主編的《希臘羅馬神話詳解辭典》（*Ausführliches Lexikon der griechischen und römischen Mythologie*）裡的詞條所述，埃及的鷹頭女神姆特經常被同

化為其他個性更加鮮明的母神，例如依西斯（Isis）（注2）和哈托爾（Hathor）（注3），卻又保持其個別的存在以及敬拜。埃及萬神殿有個特性，那就是個別的神不會因為宗教融合（Synkretismus）而消失。除了諸神的組合以外，個別的諸神形象仍舊有其獨立的存在。而現在埃及人大抵上都把這個鷹頭母神描繪成擁有陰莖的形象（注4）；由她的胸部可以看出她的女性身體，而在勃起的狀態下也有男性器官。

於是，就像達文西的鳶鳥幻想一樣，女神姆特也結合了母性和男性的性格！對於這個巧合，難道我們應該假設說達文西在博覽群籍時也認識到了雌鳶鳥有雌雄同體的（androgyn）性質嗎？這種可能性是相當可疑的；他所接觸的文獻似乎不包含這類的怪異說法。若是把這個一致性歸因於一個對於兩者都有效卻又不明所以的相同動機，或許會更合理一點。

神話可能告訴我們，雌雄同體的形象，男性和女性性徵的結合，並不是姆特所獨有的，其他諸神，例如依西斯和哈托爾，也是如此，不過或許是因為他們都有母性，而且也都和姆特同化。（注5）神話還告訴我們，其他埃及諸神，例如塞伊斯（Sais）的奈特（Neith）（注6）——後來的希臘女神雅典娜（Athene）就是源自於她——，原本也都是雌雄同體的，尤其是酒神戴奧尼索斯（Dionysos）信仰裡的希臘諸神，以及後來變成女性的愛神阿芙羅狄特（Aphrodite）（注7）。這些故事或許是想要說，把陽具接在女人身上，應該是意味著大自然的原始創造力量，所有這些雌雄同體的形象都是要傳達一個觀念，那就是唯有男性和女性的身體結合，才有資格表現神性的完美。但是這些說法都沒辦法為我們解答心理學上的謎團，那就是人的幻想為什麼會如此想當然爾地為一個體現母親本質的形象賦予一個代表著男性力量的對立特徵。

我們從嬰兒期的性理論可以找到解釋。以前的人們會認為男性生殖器官和母親的形象是相容的。當男孩子的求知欲轉向性生活的問題時，他就會對於性器官興致勃勃。他覺得他的身體的這個部位太珍貴太重要了，而無法相信其他人居然會缺少這個器官。他無法想像會有另一種等值的性器官構造，因而不得不假設所有人，不管男人或女人，都擁有和他一樣的這種器官。這個成見深植於年輕的探索者心裡，就算是第一次觀察到小女孩的性器官，這個成見也不會被打破。可是知覺會告訴他說，那個東西和他身上的東西不一樣，而他卻沒辦法承認他在女生身上看不到陽具的這個知覺事實。人可能沒有陽具，這個想法對他而言太可怕了，太難以承受了，因此他嘗試一個折衷的決定：女孩子身上也是有陽具的，只不過還太小；它以後就會長大。（注8）而就算他的觀察到頭來沒有得到證實，他似乎也會有別的解套辦法。小女孩也有陽具，可是它被閹割掉了，所以那個地方留下了一個傷口。這個理論的推斷已經用上了自己的痛苦經驗；他在那個時候應該聽過大人威脅他說，如果他對於他的寶貝器官的興趣表現得太明目張膽，他們就要把它割掉。在這個閹割威脅的陰影下，現在他重新詮釋他對於女性性器官的看法；現在他開始對他的男性性徵感到害怕，卻又鄙視那個他以為受到懲罰的可憐傢伙。（注9）

在孩子還沒有被閹割情結（Kastrationskomplex）支配之前，在他認為女性還是完好無缺的時候，他就表現出一種強烈的偷窺欲望，那是愛欲驅力的活動。他想要看看別人的陽具，原本或許是要和他自己的陽具比較一下。源自對母親的愛欲的吸引力，很快就在對於他以為也是陽具的性器官的渴望當中達到高潮。隨著他後來明白了女性並沒有陽具，這個渴望也就轉到它的相反面，於是產生厭惡的感覺，在青春期的時候，它可能構成了心理上的性無能、厭女症（Mysogynie）以及持續性的同性戀的原因。但是對於一度熱切欲求的對象（也就是女性的陰莖）的固戀（Fixierung），在對於嬰兒期性欲窮究不捨的孩子心裡留下了無法磨滅的痕跡。在對於女人的雙腳和鞋子的戀物癖式（fetischartig）的愛慕裡，雙腳似乎只是個替代性的象徵，它取代了既愛慕又懷念的女性器官；「割辮癖者」（Zopfabschneider, coupeurs de nattes）不知不覺地扮演了那個閹割女性生殖器官的人的角色。

只要人們不拋開我們的文化對於陽具以及性功能的鄙視立場，就沒有辦法正確了解兒童性欲的活動，反而宣稱上面的說法都不可信而棄若敝屣。如果要真正理解孩子的心理世界，我們就需要那些上古時代的類比。自無數世代以來，對我們而言，陽具一直就是「外陰」（Pudenda）（注10），是讓人羞愧的對象，在更進一步的性潛抑的情況下，甚至變成被憎惡的對象。如果有人概觀我們時代的性生活，特別是擔負著人類文明的社會階層的性生活，那麼他會試著說：現在大多數人都厭倦了傳宗接代的誡命，覺得他們的人性尊重被侮辱和貶低了。關於我們的性生活的另一種觀點，已經撤退到粗鄙而低下的社會階層那裡，而在優雅的上層社會裡，它則是遮遮掩掩的，就文化而言被認為是下流的，對於良心的告誡充耳不聞而大膽妄為。可是在人類的上古時代卻不是如此。由於文化研究者不辭辛勞地採風擷俗，我們相信陽具原本是生存者的驕傲和希望，因而有陽具崇拜，其一般性的神性功能也轉化為人類所有學習得到的活動。由於昇華作用，諸神超越了祂們的本質，而由於當時一般人再也不清楚正式的宗教和性行為之間的關聯性，於是只有少數的入教者

（Eingeweihte）才會在祕教儀式裡保存這個關聯性。隨著文明的演變，許多神聖的事物到頭來都拋卻了性欲的元素，那個殘留的部分就難免令人鄙夷了。可是由於所有心理痕跡本質上是無法磨滅的，難怪就算是最原始的陽具崇拜，直到現在仍然可以證明其存在，而在現代人類的用語、風俗習慣和迷信裡，也都包含著演變歷程的所有階段裡的殘渣。（注11）

經由相當數量的生物學上的類比，我們可以說，個人的心理演變只是整個人類演變歷程的縮影而已，而對於兒童心理的心理分析研究，會從嬰兒期對於性器官的珍愛那裡得到某些結論，也就不無可能了。這麼說，孩子認定母親也有陰莖，埃及母神姆特的雌雄同體形象，以及達文西的童年幻想的鳶鳥「尾巴」，它們都有共同的來源。我們只是以醫學術語的意義誤解了這些諸神所謂「雌雄同體」的形象。他們並不是真的擁有兩性的性器官，就像人們厭惡的某些兩性畸形一樣。他們只是除了作為母性的記號的乳房以外又多了男性的性器官，就像孩子對於母親身體的最早想像一樣。這種尊貴的、原始幻想當中的母親身體形象，在神話裡被認為是可信的。在達文西的幻想裡的鳶鳥抬起它的尾巴，我們可以這麼翻譯它：那時候，我對母親產生深情款款的好奇心，以為她擁有和我自己一樣的性器官。這是關於達文西童年性探究的另一個證據，我們認為它對於他整個後來的人生有決定性的影響。

現在我們必須提醒自己一下，在對於達文西童年幻想裡的鳶尾的解釋上，我們不可以就此止步。其中似乎仍然有難解之處。最突兀的地方則是在於，吸吮母親乳房的他變成了被吸吮者，也就是由主動變成了被動，因而變成了無疑具有同性戀性格的情境。有鑑於達文西一生中表現出同性戀傾向的歷史可能性，我們不得不問，這個幻想難道不是暗示說，在達文西和母親的童年關係以及他在其後表現出來的同性戀傾向（即便只是情愫而已）之間有某種因果關係。如果不是對於同性戀病人的心理分析研究讓我們明白了有這種內在而必然的因果關係存在，我們也不會僅僅依據達文西的扭曲回憶就大膽做此推論。

在我們的時代裡以激烈的行動抵抗法律對其性行為之限制的男同性戀者，依據他們的理論領袖的說法，自始就喜歡以特殊的性別變種、性的中間階層、「第三性」自居。他們說，基於生物性的條件，他們天生就必須在男人身上才能找到幸福，而對於女人興趣缺缺。儘管人們基於人道的考量而認可他們的要求，卻對於他們的理論存疑，因為那些理論都沒有考慮到造成同性戀的心理因素。心理分析提供了填補這個缺口的方法，以檢驗同性戀的種種主張。這個方法起初只在少數人身上奏效，可是此後的許多研究卻都有驚人的斬獲。（注12）在我們所有男同性戀的個案裡，他們在早期童年裡（後來都被遺忘了）都和一個女性有相當強烈的性欲連結，那個女性通常是母親，它是被母親的溺愛喚起或鼓勵的，接著則又因為父親角色的退場而變本加厲。薩德格（Isidor Sadger）（注13）強調說，他的同性戀病患的母親往往是相當男性化的女人，性格強悍，駸駸然有排擠父親地位的威脅；我偶爾也會看到同樣的情況，可是讓我印象更深刻的，是一出生就沒有父親、或是自幼父親就離開的個案，使得孩子完全受到女性的影響。對於兒子而言，如果有一個強勢的父親，那麼他在異性對象的選擇上似乎幾乎都會做出正確的決定。（注14）

在這個前期階段之後會出現一個轉折，我們雖然知道這個機制的存在，卻不明白其驅動力量是什麼。對於母親的愛可能不再參與接下來有意識的發展，它會遭到潛抑（Verdrängung）。男孩潛抑了對於母親的愛，他以自己取代了她的位置，仿同他的母親，以他自己作為模板，在選擇新的戀愛對象時會找尋類似這個模板的人。於是他就變成了同性戀；其實他只是掉回到「自體愛欲」（Autoerotismus）（注15）而已，因為長大了的他所愛的那些男孩子，只是童年的他的替身和舊瓶新裝而已，而他愛他們的方式就像是母親愛小時候的他一樣。我們會說他以自戀（Narzißmus）

的方式找到他所愛的對象，因為在希臘神話傳說裡，有個年輕人叫作納西索斯（Narzissus），他誰都不喜歡，只喜歡自己在鏡子裡的形象，因而變成了以他為名的美麗花朵。（注16）

更深入的心理分析評估則是證成了以下的主張：因此而變成同性戀的人，會無意識地固戀於記憶中母親的形象。由於潛抑了對於母親的愛，他就把這份愛封存在無意識裡，自此始終對母親忠實不渝。他表面上追求男孩子作為他的情侶，而其實只是在逃避其他可能使他不忠的女人。依據對於個人的直接觀察，我們也可以證明說，他表面上只對男人的魅力有感覺，但是其實也像正常男人一樣會臣服於女性的吸引力；可是他每次都會趕緊把對於女性的興奮感覺轉移到男性對象上，如此不斷重複這個機制，因而變成了同性戀。

我們並不是要誇大這些解釋對於同性戀的心理成因的意義。不容否認的，它們和同性戀意見領袖的官方理論扞格不入，我們也知道它們並不足以正本清源地解釋整個問題。我們基於種種現實的理由而稱之為同性戀的種種現象，可能是源自形形色色的抑制作用歷程，而我們認識到的歷程只是其中之一，也只涉及「同性戀」的其中一種類型。我們也必須承認說，在我們的同性戀類型裡明顯具備我們所主張的條件的個案數量，遠遠多於那些涉及衍生效應的個案，但是我們並不排除有種種不知名的構成因素的共伴效應，而我們也會把整個同性戀的成因溯源到那些因素。如果我們不是依據達文西的鳶鳥幻想而強烈懷疑他屬於這個類型的同性戀的話，就沒有理由要探究這個同性戀形式的心理成因了。

關於這個偉大的藝術家和科學家的性行為，我們所知有限，可是我們相信當時人們關於他的說法雖不中亦不遠矣。依據這些傳說，他似乎極度貶低其性愛需求和性生活，彷彿有個更高的渴望使他超越了一般人的動物性需求。至於他是否或以什麼方式尋求直接的性滿足，或者是否他可以完全放棄，我們也無從判定。但是我們有理由在他身上找尋那種在別人那裡會誘引性行為的情感流動，因為我們不相信一個人的心理構造裡居然會不存在任何最廣義的性欲，也就是原欲（Libido），不管它和原本的目標相差了多遠，或者是否在行動上躊躇不前。

我們原本沒有想到要在達文西身上找到除了沒有轉化的性傾向之外的任何跡象。可是這些跡象都指著一個方向，而讓我們得以認定他是同性戀。人們強調說他的學生都是相當俊美的男孩子和年輕人。他相當關心他們，對他們呵護備至，他們生病的時候，他會像母親一樣地親自照顧他們，就像他的母親以前照顧他那樣。由於他挑選學生的標準是美貌而不是才能，所以他們沒有任何人成為重要的畫家：諸如賽斯托（Cesare da Sesto, 1477-1523）、波特拉費歐（Giovanni Boltraffio, ca. 1466-1516）、薩萊諾（Andrea Salaino, Gian Giacomo Caprotti, 1480-1524），以及梅爾齊（Francesco Melzi, 1491-1570）之類的。他們大多都沒辦法脫離他們的老師自立門戶，在達文西死後也就銷聲匿跡，在藝術史上也名不見經傳。至於其他在創作上可以被視為其門徒的畫家，例如路易尼（Bernardino Luini, 1480-1532）和巴齊（Antonio Bazzi, Il Sodoma, 1477-1549）（人稱所多瑪），則可能並沒有親炙達文西。

我們知道有人會反駁我們說，達文西對他的學生的態度和性愛動機一點關係也沒有，不可以歸因於性傾向的特質。對此，我們要相當慎重地說，我們的看法說明了大師的行為舉止裡若干難以解釋的奇怪特徵。達文西有一本日記；他會以極小的字體由右至左地記錄某些只有他自己才知道那是什麼意思的事情。值得注意的是，他在日記裡是以第二人稱書寫的：「你要去跟盧卡（Luka）老師學根式的乘法。」（注17）「讓達巴科（d'Abacco）老師向你示範如何求圓的面積。」（注18）——或者是在旅行的時候（注19）：「我為了園藝的事要到米蘭一趟……訂製兩只箱子。叫波特拉費歐為你示範車床，拿一塊石頭在上頭加工一下。——把書本留給托德斯科老師

（Andrea il Todesco）」（注20）或者是一個重大的決定：「你要在論文裡證明地球是類似月球的星體，以證明我們的世界有多麼高貴。」（注21）

此外，在這本日記裡——就像其他凡人的日記一樣——，一天裡最重要的事往往三言兩語就帶過，或者是隻字不提，反而是有幾件怪事，為達文西寫傳記的人都會引用它們。那是大師關於零頭支出銖兩悉稱的記錄，那原本應該是一個市儈吝嗇而一絲不苟的管家要簿記的賬目，相對的，關於大筆支出的記錄反而付之闕如，也無法證明這位藝術家懂得什麼理財之道。其中一筆記錄是他為學生薩萊諾買的一件新外套：（注22）

銀錦緞	**十五里拉（Lira）四索爾多（Soldo）**（注23）
紅色天鵝絨滾邊	**九里拉**
髮辮	**九索爾多**
袖扣	**十二索爾多**

另一則相當詳盡的記載則是羅列了因為另一個品行不佳的學生（注24）以及偷竊

癖造成的損失金額：「一四九〇年四月二十一日，我開始寫這本日記，也開始雕塑這匹馬（注25）。雅科莫（Jacomo）在一四九〇年的聖抹大拉馬利亞日（注26）來到我門下，那時候他才十歲。（旁註：喜歡偷竊、撒謊、自私、貪心。）第二天，我讓人為他做了兩件襯衫、一件褲子和一件緊身上衣，我把錢放在身邊準備要付款，他卻偷走錢包裡的錢，而要他招認則是不可能的事，雖然我真的確定是他幹的。（旁註：四里拉……）」他接著又嘮嘮叨叨地記載那孩子的劣跡惡行，最後則是整個花費的金額：「第一年，一件大衣，兩里拉；六件襯衫，四里拉；三件緊身上衣，六里拉；四雙襪子，七里拉等等。」（注27）

達文西的傳記作者都想要依據他不值一哂的缺點和特質解開他的心理世界之謎，而他們也都會就這些奇怪的賬目加上一則評語，強調達文西對於他的學生的愛護和照顧。然而他們都忘了，需要解釋的並不是達文西的行為，而是他留下這些證據的這件事。既然他的動機不會是要我們相信他有多麼好心腸，那麼我們就必須假設他的這些記錄是基於另外一種情感上的動機。我們很難猜想他到底是什麼動機，要不是我們在達文西的檔案裡找到另一則賬目，上面說明他為學生添購衣物的奇怪瑣事，我們也不知道該怎麼描述這個動機：（注28）

卡塔里娜死後葬禮費用	二十七佛羅林（florin）（注29）
兩磅燭用蠟	十八佛羅林
靈柩台	十二佛羅林
墓碑載運和豎立	四佛羅林
靈柩車	八佛羅林
四位司鐸和四位執事	二十佛羅林
鳴鐘	二佛羅林
掘墓人	十六佛羅林
官員核發許可證	一佛羅林
小計	一〇八佛羅林
此前的費用	
醫師	四佛羅林
糖和蠟燭	十二佛羅林
小計	十六佛羅林
總計	一二四佛羅林

唯一能告訴我們卡塔里娜（Katharina）是誰的，只有作家梅列日科夫斯基。（注30）他依據另外兩則簡短的記事推論說，達文西的母親，文西鎮貧窮的農家女，於一四九三年到米蘭找當時已經四十一歲的兒子，她在城裡病倒了，達文西把她安置在醫院裡，當她去世的時候，達文西花了這麼一大筆錢安葬她。（注31）

我們無法憑著對於這位心理小說家的解析來證實這點，可是它的確有許多的內在可能性，而且和我們所知道的達文西的情感活動若合符節，讓我忍不住要承認它是對的。他的確以探究的枷鎖潛抑了他的情感，抑制了它的自由流露；可是對他而言，在若干情況下，被潛抑的事物也會強行外顯，以前深愛的母親的死就是這種情況其中之一。在這條喪葬費用的賬目裡，對於母親的哀思被扭曲得難以辨認。我們很驚訝怎麼會扭曲成這個模樣，就正常的心理事件而言，那是難以理解的事。可是在精神官能症的異常情況裡，尤其是所謂的強迫症（Zwangneurose），我們倒是相當熟悉類似的事件。我們在那裡看到的被無意識地潛抑的強烈感覺的外顯，現在被轉移到芝麻小事上面。對立的力量極力貶低這種被潛抑的感情的外顯，使得我們對於這個情感的強度不屑一顧；但是在這些瑣細的表現行為所依恃的專橫的強迫症裡，卻透露了真實的、深植於無意識的衝動力量，而那正是意識想要否認的。唯有和強迫症的發生做個比較，我們才有辦法解釋達文西在他母親逝世時支出的喪葬費賬目。可是就像在童年裡，他在無意識裡仍舊對她有某種性欲上的愛慕。由於這個童年之愛的潛抑的百般阻撓，使得他沒辦法在日記裡以其他更鄭重的方式懷念他的母親，而和強迫症的衝突的停戰協議卻必須履行，於是有了那筆賬目的記載，而讓後世人們不明所以。

我們把對於喪葬費用的理解轉移到他為學生的花費項目，此舉應該不會太鹵莽。那會是達文西殘存的原欲衝動以強迫症的方式扭曲表現的另一個例子。母親和學生們（他自己年少時的美麗摹本）是他的性對象——如果那個支配其存在的性潛抑可以如此描述的話——，而他不厭其煩而斤斤計量地記載他為他們的支出的強迫症行為，則是以怪異的方式洩漏了這個原始的衝突。我們可以推論說，達文西的感情生活其實是屬於同性戀的類型，我們可以揭露它的心理演變，也可以理解在他的鳶鳥幻想裡為什麼會出現同性戀的情境，因為它正是在訴說著上述的那種類型。我們必須把它翻譯成：由於和母親的這個愛欲關係，我變成了一個同性戀者。（注32）

注1：（譯注）另見：《夢的解析》頁68：「在科學的研究中，往往一個難題解不開時，不妨再加上另一道難題，一併考慮，反而有時能找到意外的解決辦法。就如同你把兩個胡桃湊在一起敲碎，比一個分別敲容易。」賴其萬、符孝傳譯，志文，1972。

注2：（譯注）見《神話學辭典》，頁243-244：「依西斯（王座的意思）：埃及母神、婦女和生育的神，在九聯神裡，她是蓋布（Geb）和努特（Nut）的女兒，奧賽利斯（Osiris）的妹妹和妻子，霍魯斯（Horus）的母親，因而也是諸國王（擬同為霍魯斯）的母親和守護神。」

注3：（譯注）見《神話學辭典》，頁200：「哈托爾（意思是霍魯斯的屋子）：埃及母神，宮殿的人格化（宮殿被視為國王的母親）。她是霍魯斯（Horus）的母親和妻子，也是年輕國王的奶媽。」

注4：另見：*die Abbildungen bei Lanzone*, loc.cit., T. CXXXVI-VIII。

注5：v. Römer, loc.cit.。

注6：（譯注）《神話學辭典》頁367：「奈特（可怖者的意思）：埃及在塞伊斯（Sais）的地方女神……她是雙性的太初女神，太陽神雷的母親。她創造諸神和人類的種子，擁有尚未分化的男性和女性的力量。她是『眾父之父，眾母之母』。」

注7：（譯注）《神話學辭典》頁：41-42「阿芙羅狄特（海漚的意思）：希臘愛神、美

神、花園女神、豐收女神、情婦的守護神、奧林帕斯十二主神之一。……赫希奧德（Hesiod）說，克羅諾斯砍掉烏拉諾斯的陽具，漂流到塞浦勒斯（Zypern）附近的海裡形成泡沫，阿芙羅狄特便從泡沫裡誕生。」

注8：另見：*Jahrbuch für psychoanalytische und psychopathologische Forschungen*, Bd. I, 1909; *Internationale Zeitschrift für ärztliche Psychoanalyse; Kinderecke der "Imago"*。

注9：我覺得似乎不可避免地要假設說，西方國家對於猶太人如此根深柢固而又不理性的仇恨，其根源就在這裡。人們無意識地把割禮和閹割混為一談。如果我們大膽地把我們的推測上溯到人類的上古時代，那麼我們或許會猜測說，割禮原本是閹割的溫和替代作法。

注10：（譯注）拉丁文「pudendum (pl. pudenda)」，源自「pudendus」，是羞恥、可鄙、下賤者的意思，形容詞是「pudet」，動詞是「pudeo」，害羞、羞愧的意思。

注11：另見：Richard Payne Knight, *Le culte du Priape*. Traduit de l' Anglais, Bruxelles 1883。

注12：薩德格（I. Sadger）的傑出研究是我基本上可以親自證實的，此外我也知道維也納的史提克（W. Stekel）以及布達佩斯的費倫澤（S. Ferenczi）也得出同樣的結論。

注13：（譯注）薩德格（1867-1942），維也納的法醫和心理分析師。是心理分析的早期領袖人物，於一八九五年到一九〇四年和佛洛伊德共同研究同性戀和戀物癖，並且自

創了「虐戀」（Sadomasochismus）以及「自戀」（Narcissmus）等術語。

注14：在同性戀的理解上，心理分析的研究指出了兩個不容置疑的事實，但是我們相信性偏離（sexuelle Abirrung）的成因不僅止於此。其一是上述對於母親的愛欲需求的固戀（Fixierung），其二則是主張說，任何人，再正常的人，都有能力選擇同性對象，而且在一生中也都做過選擇，這個選擇不是記錄在無意識裡，就是表現在對它的強烈厭惡以自我防衛上面。這兩個證據推翻了認為同性戀是「第三性」的說法，或者是先天以及後天的同性戀的區分。另一性的身體特徵的存在（生理上的雌雄同體的成分多寡），的確有助於同性對象的選擇表現，但不是決定性的。那些為同性戀發聲的科學家們對於心理分析已經證實的調查一無所知，實在是讓人徒呼負負。

注15：（譯注）由英國性學家艾利斯（Havelock Ellis, 1859-1939）提出的術語，指在沒有外在刺激的情況下產生的性欲和感覺。

注16：（譯注）另見：《性學三論》。

注17：見：Edm. Solmi, *Leonardo da Vinci*. Deutsche Übersetzung, 1908, S. 152。

注18：同前揭。

注19：見：Edm. Solmi, *Leonardo da Vinci*, S. 203。

注20：達文西的做法就像是一個人習慣每天向另一個人告解似的，現在則是以日記取代那

個聽告解的人。關於這個猜測，見：Mereschkowski, S. 367。

注21：見：M. Herzfeld, *Leonardo da Vinci*, 1906, S. CXLI。

注22：見：Mereschkowski, loc.cit., S. 282。

注23：（譯注）里拉（lira, pl. lire）是中世紀到近代英國、法國、義大利的貨幣單位。在英國變成了「pound」，在法國變成「livre」，在義大利則是「lira」；索爾多（soldo, pl. soldi）是十二到十八世紀義大利通行的貨幣，在十四世紀的翡冷翠，一里拉為二十索爾多。

注24：一說是模特兒。

注25：斯福爾扎的法蘭切斯柯的騎士雕像。

注26：（譯注）依據教會年曆，七月二十二日是聖抹大拉馬利亞的慶日。

注27：M. Herzfeld, *Leonardo da Vinci*, 1906, S. XLV。

注28：見：Mereschkowski, loc.cit., S. 372。我要提一下，在索爾第的版本裡（德譯本頁104）的費用計算相差甚遠，以證明關於達文西的私生活的里巷之談以訛傳訛的情況有多麼傷腦筋。最可疑的地方是他以索爾多取代了佛羅林。我們或許可以假定說這裡的「佛羅林」幣值不同於舊制的「金盾」（Goldgulden），而是指後來通行的幣值，相當於一又三分之二里拉，或是三十三又三分之一索爾多。索爾第又認為卡塔里娜

有一陣子在達文西家裡當過女傭。這兩個說法的出處不詳。

注29：（譯注）在翡冷翠（1252-1533）通行的金幣，起初一佛羅林相當於一里拉，到了一五〇〇年左右，佛羅林大幅升值，一佛羅林相當於七里拉。

注30：「卡塔里娜於一四九三年七月十六日抵達。」「喬凡妮娜——她有一張美豔不可方物的臉——到醫院來探望卡塔里娜。」

注31：（譯注）關於這個簿記，佛洛伊德在本書第一版（1910）和第二版（1919）就有誤植數字的情況。另見：《達文西傳》頁301-303。

注32：達文西被潛抑的原欲外顯的表現方式，也就是煩瑣拖沓而錙銖必較，屬於源自肛門性欲的性格特徵。另見拙著：*Charakter und Analerotik*, 1909。

第四章

達文西的鳶鳥幻想依舊在我們的腦海裡揮之不去。在聽起來顯然是在描寫一種性行為的字眼裡（「並且用尾巴不斷拍打我的嘴唇內部」），達文西強調了母親和孩子強烈的愛欲關係。基於母親（鳶鳥）的行為和嘴巴部位的強調之間的關聯性，我們不難猜測到這幻想包括了第二個記憶內容。我們可以把它翻譯成：母親在我唇上印下了無數個熱情的吻。這個幻想是由被母親吸吮的回憶和被她親吻的回憶拼湊起來的。

我們這位藝術家天性淳厚，因而以創作表現隱藏其心理衝動，這些作品對於不認識這位藝術家的人造成了極大的震撼，卻說不上來那個震撼是從哪裡來的。我們在達文西畢生的作品裡找不到任何證據可以證明這個關於其童年印象深刻的回憶的存在嗎？我們當然認為有。可是如果我們考慮到在這位藝術家把它們形諸作品之前，他的人生印象經歷了多麼重大的蛻變，那麼這個證據的確定性就會大打折扣了。

任何人想到達文西的畫作，都會憶及他用魔法在其女主角唇上變幻出來的那個引人注目的、讓人心旌搖曳的神祕微笑。那是個永恆不變的微笑，掛在高低起伏的薄唇上；那已經成了他的特色，人們把它叫作「達文西風」（Leonardesk）（注1）。

翡冷翠的蒙娜麗莎（Monna Lisa del Giocondo）美得出奇的臉龐，讓每個觀賞者既震撼又神魂顛倒。這個微笑需要一個詮釋，而它也的確有形形色色的詮釋，卻沒有一個令人滿意。「四個世紀以來，蒙娜麗莎讓每個人都在談論她，每個人在凝視了許久以後都為之傾倒。」（注2）

慕特（注3）說：「讓看畫的人特別著迷的，是這個微笑的魔法。這個時而風情萬種地對我們巧笑倩兮、時而看似冷漠而沒有靈魂地凝望著遠方的女子，出現在數以百計的詩人和作家筆下，沒有人猜得出來她的微笑是什麼意思，沒有人能夠解釋她到底在想什麼。就連風景也如夢似幻，宛如在潮濕悶熱的性感之下顫慄不已。」（注4）

有若干評論家認為，蒙娜麗莎的微笑裡是由兩個截然不同的元素組成的。於是他們在這位美麗的翡冷翠女子的表情裡看到種種對立面的完美描繪，這些對立支配著這個女性的感情生活，既矜持冷淡而又冶豔誘人，一方面是含情脈脈的溫柔，另一方面卻又需索無度，那是會把男人當作怪物一般吞噬掉的性感。閔策（Müntz）也說道：「我們知道，將近四個世紀以來，在擁擠的欣賞者面前，蒙娜麗莎一直是個難解而讓人困惑的謎，借用一個以『皮耶·科普雷』（Pierre de Corplay）為筆名的作家的話，沒有任何藝術家『如此入木三分地表現女性的本質：既溫柔婉約而又賣弄風情，既端莊閑靜而又春情蕩漾，神祕莫測的心，沉思中的大腦，一個既正襟危坐而又明眸善睞的性格……。』」（注5）義大利作家安哲羅．康提（Angelo Conti）在羅浮宮裡看到這幅在陽光下栩栩如生的畫作時寫道：「那位女士以王室一般的沉著鎮靜微笑著，她那意圖征服一切的本能，殘暴的本能，人類的所有遺傳因子，引誘和設圈套的意圖，讓人神魂顛倒的魅力，包藏禍心的溫柔，——凡此種種，都在那微笑的面紗底下忽隱忽現，埋藏在她如詩一般的微笑裡……既善良又邪惡，既殘忍又憐憫，既優雅又輕盈狡猾，她就這麼微笑著……。」（注6）

這幅畫達文西畫了四年，也許是一五〇三年到一五〇七年間，那是他第二度羈旅翡冷翠，當時的他已經年過五十了。依據瓦薩利的說法，他想方設法讓那位端坐著的女士開心，保持臉上的笑容。當時的畫筆在畫布上揮灑的細節，在現存的畫作上幾不復見；畫作完成時，被認為是登峰造極的藝術；然而我們很確定達文西自己並不滿意，他說它是未完成的作品，因而沒有寄給委託人，而攜著它一起到法國，他的贊助人法蘭西斯一世把它買下來，收藏於羅浮宮。

我們姑且擱置蒙娜麗莎表情的謎團，而要指出一個事實，那就是和四百年來的觀眾一樣，她的微笑也使這位藝術家深深著迷。自此之後，這個讓人心搖搖如懸旌的笑容就反覆出現在他和他的學生的作品裡。由於達文西的《蒙娜麗莎》是一幅肖像畫，所以我們沒辦法假定說他是按照自己的意思賦予她的臉龐如此意蘊無窮的表情，而不是她自己的表情。我們不得不相信他是在這位模特兒臉上找到這個笑容，而被它的魔法收攝，從此以後，他就任意地把它加到他自己的幻想創作裡。許多人都提過這個想當然爾的觀點，例如康斯坦提諾瓦（Alexandra Konstantinowa）（注7）：

> 「在大師忙著創作喬宮多的蒙娜麗莎畫像的那一段漫長的日子裡，他心醉神馳地沉浸在這位女性臉龐的面相細節裡，而把這些特徵——尤其是那神祕的微笑以及奇特的眼神——轉移到後來的繪畫或素描的所有臉龐上面；我們甚至可以在羅浮宮裡的畫作《施洗者約翰》裡面感覺到喬宮多夫人的表情特徵；不過最明顯的還是《聖母子和聖亞納像》裡聖母馬利亞的臉龐特徵。」

不過真正的情形也有可能不是這樣。不只一個傳記作者亟欲證明蒙娜麗莎的微笑究竟以什麼魅力攫獲了我們這位藝術家，使得他從此難以擺脫它。瓦特．派特（Walter Pater）（注8）認為蒙娜麗沙的畫像「體現了所有文明人的愛情經驗」，他在探究「對於達文西而言往往有著不祥預兆意味的那個深不可測的微笑」時，對我們暗示了另一個線索：

「此外，那個形象是一幅肖像畫。我們可能會探索它如何在他的童年裡就介入他的夢境結構，如果不必特別提出什麼證據的話，我們或許會相信他終於找到了他的理想女性的化身……。」（注9）

瑪麗．海茲斐（Marie Herzfeld）也有類似的看法，她說達文西在《蒙娜麗莎》裡和他自己相遇，因而得以盡情地把他的本質置入這個形象，「其種種特徵一直深植於達文西的心靈的神祕共感裡。」（注10）

我們試著更清楚地闡述這些暗示。達文西對於蒙娜麗莎的微笑深深著迷，那可能是因為它喚醒了在他的心靈裡沉睡了很久的東西，或許是個古老的記憶。這個記憶太重要了，一旦被喚醒了，他就再也擺脫不掉；他必須不斷為它賦予新的表現方式。派特認為我們有辦法探究那個形象如何在他的童年裡就介入他的夢境結構，這個說法似乎是可信的，也值得我們就字面去理解它。

瓦薩利說「微笑的女性的頭像」（注11）是他最早的藝術實驗（由於他並不是想證明什麼事，因此沒有什麼可疑之處）：「他年輕的時候就用黏土雕塑了若干微笑的女性的頭像，而且用石膏複製了許多模型，此外還有若干兒童的頭像，它們臉欺

膩玉，鬢若濃雪，宛如出自大師之手……。」（注12）

我們知道他的藝術創作是以兩種對象的表現為起點的，它們也提醒了我們在他的鳶鳥幻想裡推論出來的兩種性對象。如果說那些美麗的孩子頭像是他自己小時候的模型，那麼那些微笑的女性應該就是他母親卡特琳娜的複本，而我們也直覺到他的母親可能擁有這個他失去了的、揮之不去的神祕微笑，而他在那位翡冷翠女士臉上再次看到它。（注13）

《聖母子和聖亞納像》是在時間上和達文西的《蒙娜麗莎的微笑》最接近的畫作。在這兩位美麗不可方物的女性的頭部特徵裡，我們看到了達文西式的微笑。我們無從證明在它之前或之後多久，達文西才開始創作蒙娜麗莎的畫像。由於這兩幅畫作都拖了好幾年才完成，我們可以假設說我們的大師是同時間創作它們。如果說對於蒙娜麗莎的深深著迷刺激了達文西對於聖亞納的構圖的想像，這應該是最符合我們的期待的說法。因為如果喬宮多夫人的微笑在他心裡喚起了對於母親的回憶，那麼我們就不難理解這個微笑如何驅使他創作對於母性的歌頌，他把在那位女士臉上找到的微笑歸還給他的母親。於是我們把興趣從蒙娜麗莎的畫像轉移到另一幅同樣收藏在羅浮宮、而且一點也不遜色的畫作。

聖亞納（Anna, Hannah）（注14）及其女兒和孫子的主題在義大利的繪畫裡並不多見；而達文西的表現也和其他已知作品大相逕庭。慕特說：

「有些大師，例如漢斯・弗里斯（Hans Fries）（注15），老漢斯・霍爾班（Hans Holbein der Ältere）（注16）和利布里（Girolamo dai Libri）（注17），他們在構圖上都讓聖亞納坐在馬利亞旁邊，並且把聖子放在她們中間。而其他的大師，例如科涅利茲（Jakob Cornelisz）（注18）在被收藏於柏林的畫作裡，則是名副其實地畫了《聖亞納三人像》（heilige Anna selbdritt），也就是說，他讓聖亞納在懷裡抱著身形比較小的聖母馬利亞，而身形更小的聖子基督則是在聖母懷裡。」（注19）在達文西的畫作裡，馬利亞在她母親的懷裡俯身前傾，而兩手則抱著小男孩，孩子在和一隻小羊嬉戲，有點像是在捉弄牠。外婆把看不見的手放在臀部上，以幸福的笑容低頭望著母子倆。這個組合當然不是那麼順理成章。可是這兩位女性嘴角漾著的微笑，儘管和蒙娜麗莎的畫像裡的微笑如出一轍，卻失去了它的神祕而謎樣的性格；它其實是在表現慈愛和寧靜的幸福。（注20）

如果觀眾深入玩味這幅畫，應該會驀地明白：唯有達文西才有辦法畫這幅畫，正如只有他才會寫下鳶鳥幻想的那段文字。他的整個童年歷史都被搬進這幅畫裡。

達文西所有至為個人的生命印象都在這幅畫的許多細節裡不言而喻。在他父親的家裡，他不只有個慈祥的繼母亞貝拉，還有祖母蒙娜．露西亞（Mona Lucia），我們猜想她就像一般的祖母那樣疼愛達文西。這樣的環境或許促使他想要描繪一個被母親和祖母（外婆）呵護的童年。畫裡的另一個特徵則又更加重要。聖亞納，馬利亞的母親，小男孩的外婆，應該已經是個老婦人了，在這裡或許比聖母馬利亞成熟穩重一些，可是依然被描繪成一個不減姿色的中年女子。達文西其實給了男孩兩個母親，一個伸手抱住他，另一個則是退到背景，兩個人臉上都洋溢著母親幸福而慈祥的笑容。這個特徵同樣讓許多作家嘖嘖稱奇；例如說，穆特認為，達文西決定不要畫上歲月、乾癟和皺紋，因而把聖亞納也畫成風姿綽約的美女。這個解釋是否言之成理呢？也有人說：「母親和女兒的年紀完全不相仿。」（注21）但是穆特之所以嘗試如此解釋，就足以證明畫裡的聖亞納的確讓人有回春的印象，而不只是因為有什麼意圖而憑空捏造的。

達文西的童年就像這幅畫一樣不尋常。他有兩個母親，第一個母親是生母卡特琳娜，他在三歲或五歲的時候和她分開，另一個母親則是年輕而慈祥的繼母，他父親的妻子亞貝拉。他把童年的這個事實和上述的想像攪成一鍋粥，因而有了《聖母子和聖亞納像》的構圖。距離那男孩比較遠的那個母親的形象，也就是外婆，依據其外形以及和男孩子的空間關係，應該相當於他的生母卡特琳娜。我們這位藝術家應該是想以聖亞納的慈祥笑容否認並且掩蓋那位不幸的女子心裡的妒嫉，正如她以前不得不把丈夫拱手讓給出身名門的對手，現在她也沒辦法接近她的兒子。（注22）

於是，我們或許以達文西另一個作品證實了我們的猜想，那就是蒙娜麗莎的微笑在這個男人心裡喚醒了童年早期對於母親的回憶。自此之後，義大利畫家筆下的聖母和貴婦，總是會謙卑地低頭，露出貧窮的農家女卡特琳娜那種怪異而慈愛的微笑，這個農家女孩生下了一個註定要作畫、研究和受難的兒子。

如果說達文西在蒙娜麗莎的臉上再現了這個微笑所蘊含的雙重意義，也就是無止盡的慈愛應許以及預言不幸的威脅（套用派特的話），那麼他其實只是忠實地表現其童年回憶的內容而已。因為母親的慈愛變成了他的災難，決定了他的命運以及等待著他的窮困。他的鳶鳥幻想所暗示的粗暴愛撫是想當然爾的事；被遺棄的貧窮的母親當然會把對於從前的溫柔的回憶以及對於新的溫柔的渴望一股腦地灌注到母愛裡。她之所以不由自主地這麼做，不只是為了撫平失去丈夫的痛苦，也是要補償她的孩子，因為他沒有父親可以撫慰他。因此，就像所有不滿足的母親一樣，她也以她的兒子代替她的丈夫，使得他在性愛方面太早熟，因而被剝奪了一部分的男子氣概。母親對於哺育呵護下的嬰兒的愛，比對於長大以後的孩子的感情要強烈得多。它本質上是一種完全得到滿足的愛的關係，這個關係不僅實現了所有心理的願望，也滿足了所有身體的需求，而如果它表達的是人類可以企及的一種快樂的形式，那麼絕對是因為它可以滿足種種潛抑了很久而被叫作變態的願望衝動，而且不會遭到指責。（注23）在最快樂的年輕婚姻裡，父親覺得孩子，尤其是小兒子，變成了他的情敵，一種深植於無意識的對於被寵愛者的敵意便油然而生。

達文西在人生最得意的時候再度遇見了那個幸福而心醉神迷的微笑，正如他的母親在愛撫他時嘴角蕩漾著的微笑，這個微笑使他一直受到抑制作用的支配，而沒辦法在女性的嘴唇那裡渴望得到這樣的愛意，於是他努力以畫筆再現這個微笑，讓它出現在他的所有畫作上，不管是他自己創作的，或者是指導學生完成的，例如麗妲（Leda）（注24）、施洗者約翰（注25）、酒神（注26）等等。其中施洗者約翰和酒神（Bacchus）是同一個類型的變體。穆特說：「達文西把聖經裡吃蝗蟲的人（注27）變成了一個酒神（注28），一個少年阿波羅（Apollino），嘴唇上泛著謎樣的微笑，疊坐著柔軟的雙腿，以誘人的眼神凝望著我們。」這些畫作瀰漫著一種神祕主義的氣氛，人們不敢窺探它的祕密，至多只能和達文西早期的創作做比較。這些人物還是雌雄同體，不過不再是鳶鳥幻想的意義下的，而是有女性形式和女性溫柔的俊美少年；他們不再低眉垂眼，而是神祕而趾高氣揚地睥睨四方，宛如領略到一種只可意會不可言傳的幸福境界；這個熟悉而讓人心醉神馳的微笑，使我們直覺到那是一種愛的祕密。達文西其樂陶陶地把男性和女性的本質合而為一，表現一個思慕著母親的男孩的願望實現（Wunscherfüllung），在這些人物裡否認他的童年的不幸，而以藝術去超越它。

注1：藝術鑑賞家在這裡可能會想到，在古代希臘的雕塑藝術裡也有這種奇特的、凝視的微笑，或許也可見於達文西的老師韋羅基奧的畫作人物上，因而或許會對以下的論述存疑。

注2：Gruyer nach Seidlitz, *Leonardo da Vinci*, II. B., S. 280。

注3：（譯注）理查・慕特（Richard Muther, 1860-1909），德國藝評家和藝術史家，著有《繪

畫史》共五卷（*Geschichte der Malerei*, 1899-1900），此外也包括關於許多藝術家的論著。

注4：*Geschichte der Malerei*, Bd. I, S. 314。

注5：同前揭：S.417。

注6：A. Conti, *Leonardo pittore*, Conferenze fiorentine, loc.cit., S. 93。

注7：*Die Entwicklung des Madonnentypus bei Leonardo da Vinci*, S. 45。

注8：（譯注）華特・派特（1839-1894），英國散文家和藝評家，著有：*Studies in the History of the Renaissance*, 1873。

注9：W. Pater, *Die Renaissance,* 2. Aufl., 1906, S. 157. (Aus dem Englischen)。

注10：M. Herzfeld, *Leonardo da Vinci*, S. LXXXVIII。

注11：Scognamiglio, loc. cit., S. 32。

注12：L. Schorn, III. Band, 1843, S. 6.

注13：這是梅列日科夫斯基提出的假設，可是他所想像的達文西的童年歷史，基本上不同於我們從鳶鳥幻想那裡得到的結論。可是如果說那個微笑就是達文西自己的，那麼傳說裡應該不會對於這個巧合隻字不提。

注14：（譯注）傳統上認為聖亞納是馬利亞的母親，也就是耶穌的外婆，馬利亞的父親是

聖若亞敬（Joachim）。見：《雅各原始福音》4:1-2; 5:1。

注15：（譯注）弗里斯（c. 1465-c. 1523），瑞士畫家。

注16：（譯注）老漢斯・霍爾班（c. 1460-1543），日耳曼畫家，他的兒子小漢斯・霍爾班也是畫家。

注17：（譯注）利布里（1474-1555），義大利畫家。

注18：（譯注）科涅利茲（Jacob Cornelisz van Oostsanen 1470-1533），荷蘭畫家。

注19：同前揭：S. 309。

注20：A. Konstantinowa, loc. cit.：「馬利亞慈祥地低頭凝睇著她的孩子，她的微笑讓人想起喬宮多夫人謎樣的表情。」在他處談到馬利亞時說：「她的臉上蕩漾著喬宮多夫人的微笑。」

注21：S. v. Seidlitz, loc. cit., II. Bd., S. 274, Anmerkungen。

注22：如果要把這幅畫裡的亞納和馬利亞的形象拆開來看，那幾乎是做不到的事。有人會說那兩個形象相互融合，宛若壓縮在一起的夢境人物，有些部位甚至說不上來是屬於聖亞納或是馬利亞的。在藝評家眼裡的敗筆，構圖上的缺失，就分析而言，卻正好證明了它暗示著神祕的意義。對於藝術家而言，他的童年裡的兩位母親應該是匯流成一個形象。

奧斯卡·菲斯特（Oskar Pfister）在這幅畫裡發現一個奇特之處而讓人津津樂道，雖然我們不一定會完全同意他的看法。他在馬利亞造形奇特而費解的外袍上面看到鳶鳥的輪廓，認為那是無意識裡的拼圖。

「在這幅描繪藝術家的母親的畫作上，我們可以清楚看到一隻鳶鳥，那正是母性的象徵。在圍著前面那位女子的臀部、沿著大腿一直覆蓋到右膝的藍色披巾上，我們看到典型的鳶鳥頭部、鳥頸以及彎曲的軀幹部分。當我指出這個發現的時候，任何人都無法否認這個拼圖的證據。」（Kryptolalie, Kryptographie und unbewußtes Vexierbild bei Normalen. *Jahrb. f. psychoanalyt. u. psychopath. Forschungen*, V, 1913.）

讀到這裡，我想讀者不妨看一下本書開頭的附圖，找看看有沒有菲斯特所發現的鳶鳥。構成那塊拼圖的披巾輪廓相當顯眼，彷彿是淡藍色田野的複製，而有別於長袍其他深色的部分。

菲斯特接著又說（S. 147）：「可是重要的問題是：這塊拼圖有多大？我們沿著和其他部分判然有別的披巾，從翅膀的中央一路延伸，就會注意到它一方面懸垂到女人的腳邊，另一方面則向上到女人的肩膀以及男孩身上。第一部分大概就是鳶鳥的翅膀和尾巴，第二部分則是腹部尖端，而如果我們仔細觀察類似羽毛放射狀輪廓的線條，就會看到展開的鳥尾，就像達文西攸關其命運的童年夢境一樣，它的右端抵著孩子的嘴巴，也就是達文西的嘴巴。」

我會繼續探究其細節並且討論其延伸的問題。

注23：另見拙著：*Drei Abhandlungen zur Sexualtheorie*, 3. Aufl., 1915。

注24：（譯注）指《麗妲和天鵝》（c. 1503-1510）的畫稿。

注25：（譯注）指《聖母子與聖亞納、施洗者約翰》（1499-1500）。

注26：（譯注）指《酒神》（或譯為巴克斯）的底稿，為達文西第二次米蘭時期完成的作品。

注27：（譯注）《馬太福音》3:4：「這約翰身穿駱駝毛的衣服，腰束皮帶，喫的是蝗蟲野蜜。」

注28：（譯注）《酒神》原本的主角是施洗者約翰，在一六八三年到九三年間被塗掉重繪成酒神巴克斯。

第五章

在達文西的日記裡有一段記載，因為其內容相當重要，而且裡頭有個小小的形式錯誤，而引起讀者的注意。

他在一五〇四年七月寫道：

「一五〇四年七月九日星期三早上七點，我的父親，在波特斯塔很有名望的皮耶洛・達文西在早上七點與世長辭，享年八十歲，留下十個兒子和兩個女兒。」（Adi 9 di Luglio 1504 mercoledi a ore 7 morì Ser Piero da Vinci, notalio al palazzo del Potestà, mio padre, a ore 7. Era d'età. d'anni 80, lasciò 10 figlioli maschi e 2 femmine.）（注1）

這段文字記載達文西父親的逝世。其中有個不起眼的錯誤是「a ore 7」（七點鐘）寫了兩次，彷彿達文西寫到句尾忘了一開頭就寫過了。那只是個細枝末節，除了心理分析師以外，應該沒有人會在意。也許人們根本就沒有注意到，若是一經指出，他們也會說：每個人心不在焉或是情緒激動的時候難免都會發生這種事，那沒什麼。

而心理分析師的想法就不一樣了；對他而言，再微不足道的事物，都是隱藏的心理歷程的表現；他早就知道這種遺忘或者重複是有重要意義的，而當人「心不在焉」（Zerstreutheit）的時候，就讓這些隱藏的衝動有了流露出來的機會。

我們要說的是，就像卡塔里娜的喪葬費用以及學生的花費一樣，這一則記載也是達文西情感壓抑失敗的情況，一直隱藏著的東西被迫以扭曲的形式表現出來。就連形式也很類似，同樣的拘泥細節，同樣的強調數字。（注2）

這種重複行為，我們稱之為「固持現象」（Perseveration）。（注3）它是揭露情感基調的絕佳工具。例如說，我們不妨回憶一下在但丁的《神曲．天堂篇》裡，聖彼得如何抱怨他在地上代言人的角色有多麼一文不值（注4）：

在凡間佔我宗座，藉篡奪行徑
佔我宗座、佔我宗座的傢伙
把我的墓地化為污水溝；邪佞
從這裡墮下後，因溝裡的血腥、穢濁
而沾沾自喜。不過在聖子眼中，
那宗座依然是無人填補的空廓。（注5）

若不是達文西的感情被抑制了，這一則日記可能會是這麼寫的：「今天早上七點，我的父親皮耶洛．達文西過世了，我可憐的父親！」可是固持現象把它置換成了冷漠的訃文和死亡時間的記載，而欠缺了任何情感，儘管如此，我們卻看出了這裡隱藏且壓抑了什麼東西。

皮耶洛．達文西是個公證人，家族世代以公證人為業，他是個活力旺盛的人，也因而使他名利雙收。他有四次婚姻，前兩任妻子去世前沒有為他生下任何孩子，直到第三任妻子才於一四七六年為他生下第一個合法的兒子，那個時候的達文西已經二十四歲了，早就離開父親家裡到韋羅基奧的工作室當學徒了；到了五十歲的時候，他娶了第四任妻子，又生了九個兒子和兩個女兒。（注6）

這個父親當然在達文西的性心理發展方面扮演極為重要的角色，不僅僅是在達文西很小的時候不在孩子身邊，在孩子後來的童年生活裡，他也造成了負面的影響。任何渴慕母親的孩子，都難免會想要以自己取代父親的地位，在自己的幻想裡仿同父親，其後更會以勝過父親作為其人生課題。達文西不到五歲的時候就被接到祖父家裡，在他的感情方面，年輕的繼母亞貝拉當然取代了他的母親的地位，而他也和父親處於一般所謂的敵對關係。大家都知道，同性戀的關鍵時期大概是在青春期左右出現。當這個時期臨到達文西的時候，對於父親的仿同在他的性生活上已經失去任何意義，反倒是轉移到其他無關性愛的活動領域方面。我們聽人說他講究門面，穿著奢華，出入有僕人和馬匹，雖然瓦薩利說他「一無所有，也不怎麼幹活」；我們不覺得他的美感要為這些品味負責，反而在其中看到他想要模仿和超越父親的強迫行為。在那個貧窮的農家女孩眼裡，他的父親是個名流紳士，使得她的兒子心裡一直覺得也要表現得像個世家子弟一樣，渴望「青出於藍而勝於藍」（to out-herod Herod），讓父親瞧瞧真正的豪門貴冑是什麼模樣。

任何藝術家在創作的時候，當然都會覺得要像個父親一樣對待他的作品。就畫家達文西的創作而言，對於父親的仿同有個不幸的後果。他完成了作品之後就再也不管它們了，就像父親當年沒有關心他一樣。後來父親對他的關懷已經無法改變這個強迫行為，因為它是源自童年早期的印象，而殘存在無意識裡的潛抑事物是沒辦法以後來的經驗加以矯正的。

在文藝復興時期，每個藝術家——正如後來的藝術家一樣——都需要有個貴族主人，一個贊助者，委託他創作，他的命運都操縱在他們手裡。達文西的贊助者是別名「摩爾人」的斯福爾扎的盧多維科，他野心勃勃，排場闊綽，長袖善舞，卻喜怒無常而不可靠。他在大公位於米蘭的宮殿裡度過了他人生的輝煌時期，在大公的資助下，他奔放不羈地開展其創作力，《最後的晚餐》以及斯福爾扎的法蘭切斯柯的騎士雕像就是證據。「摩爾人」盧多維科因戰敗而在法國淪為階下囚並且命喪黃泉，而達文西則在此之前就離開米蘭。當達文西聽到他的贊助人的悲慘下場時，他在日記裡寫道：「大公失去了他的封邑，他的財產，他的自由，而他所委託的創作也都無疾而終。」（注7）他對其贊助人的指摘，正是後世的人對他的譏議，雖然很奇怪，卻有其重要意義，他彷彿是要找個父執輩的人為他無法完成自己的作品負責。其實他對於大公的批評也不是沒有道理。

可是如果說對於父親的模仿損害了身為藝術家的他，那麼對於父親的反抗，或許就是他在嬰兒期為了日後同樣卓越的科學家成就埋下的種子。用梅列日科夫斯基的巧妙譬喻來說，他就像是在黑暗裡太早醒來的人，而其他人都還在酣睡夢鄉。（注8）他提出下面關於獨立研究的正當性的大膽主張：**但凡人在論辯時訴諸權威，他就只是憑藉著記憶而不是知性**。（注9）於是他成了近代第一個自然科學家，而源泉不竭的知識和猜想都是對於他的勇氣的賞報，自古代希臘人以外，他是第一個僅僅以觀察和獨立判斷為基礎而去探索大自然祕密的人。可是如果說他大聲疾呼貶抑權威、譴責模仿「古人」，以對於大自然的研究作為所有真理的來源，那麼他也只是以人類的極致昇華作用，再度喚起那個在驚豔觀照世界的男孩子心中湧現的感覺而已。如果我們捨棄科學的抽象概念，回頭審視具體的個人經驗，那麼所謂的古人和權威，也只是在呼應父親的角色，而大自然則是溫柔而慈愛地撫育他的母親。大多數其他人——不管是現在或是上古時代——都會渴望得到權威的支持，如果權威遭到威脅，他們就會覺得整個世界搖搖欲墜，然而只有達文西有辦法拋棄這個支柱；要不是他早在童年就知道要放棄父親，或許他也做不到這點吧。他在日後的科學研究裡的大膽和特立獨行，正是以沒有父親的抑制的性探索為其預設，但是它也是對於性愛的厭惡的延伸。

如果說有人像達文西一樣在童年倖免於父親的威脅，又在研究當中擺脫了權威的桎梏，而我們又發現他一直是個虔誠的信徒，沒辦法拋開教條式的宗教，那麼他應該會完全違反我們的期待。心理分析已經讓我們認識到父親情結和上帝信仰之間互為表裡的關係，它告訴我們，在心理學裡，一個人的神其實就是一個被舉揚了的父親，而我們每天都看到，一旦年輕人心裡的父親權威瓦解了，他們就會立刻喪失宗教信仰。我們在父母親的情結裡看到了對於宗教的渴望的根源；全能而公義的神以及仁慈的大自然，在我們眼裡只是父親和母親的角色的偉大昇華，或者毋寧是孩子在童年對於他們兩者的想像的重建和翻新。就生物學而言，宗教信仰歸因於持存在小孩子心裡的無助和求助，當人日後認識到他在生命的大能面前的孤苦無依和脆弱，感覺到他的處境其實和童年沒有什麼兩樣，而企圖退行性地恢復嬰兒期的守護力量以否認眼前的絕望。宗教之所以可以保護信徒免於罹患精神官能症，其原因正是在於它幫助信徒放下了對於父母親的情結（個人以及整個人類的罪惡感都和它有關），並且把這個情結清除掉，而沒有信仰的人則必須孤軍奮戰。

達文西的例子似乎不致於證明關於宗教信仰的這種看法有誤。在他生前就有人指控他是不信神的人或是背教者，在瓦薩利關於他最早的傳記裡尤其清楚可見。（注10）。瓦薩利在一五六八年第二版裡則刪掉了這些評論。如果說因為當時對於宗教事物的問題相當敏感，使得達文西就連在個人的札記裡也絕口不談對於基督宗教的看法，我們應該可以完全理解他的苦衷。身為科學家的他，對於聖經的創世說一點興趣也沒有；例如說，他認為淹沒整個世界的大洪水是不可能的事，他依據地質學的計算，和現代人一樣斬釘截鐵地認為那是數十萬年前的事。

在他的許多「預言」當中，有些應該會冒犯到一個虔誠的基督徒的敏感神經，例如說對於聖人形象的敬拜。（注11）

「人們會和豎起耳朵卻什麼也聽不到、張開眼睛卻什麼也看不見的人說話，他們和這樣的人說話，而得不到回答；他們向那有耳朵卻聽不見的人祈求恩慈；他們為那瞎了眼的人點燈。」

或者是「論耶穌受難日的哀悼」（S. 297）。

「在歐洲所有地方的人民都在為一個在東方過世的人哭泣。」

至於達文西的藝術，人們則是評斷說他讓聖人的形象和教會完全脫離關係，為他們賦予了人性，讓他們自己流露出偉大而美麗的人類情感。穆特則是讚美他說他超越了當時的頹廢氣氛，把感性世界和歡悅的生活樂趣的權利還給人類。達文西在他的札記裡深入探究大自然的偉大奧祕，卻也不乏對於造物主的讚美，認為祂才是所有這些神奇的奧祕的根源，可是那並不意味著他想和這個神性力量建立任何個人的關係。他在晚年咳唾成珠的句子裡，自然流露出人的聽天由命，臣服於「阿南克」（Ananke）（注12），也就是大自然的定律，而不指望任何來自神的慈愛或恩寵的慰藉。達文西無疑超越了教條的或個人的宗教，憑著他的研究工作，而和虔誠的基督徒的世界觀漸行漸遠。

依據上述關於兒童心理發展的看法，我們會假設達文西在童年最初的探索其實就是針對性愛的問題。可是他自己以一個透明的斗篷對我們洩漏了這點，把他的研究欲望和鳶鳥幻想扯在一起，強調鳥類飛行的問題是他命中註定要去探究的。在他的札記裡有一個相當費解而宛如預言的段落在探討鳥類的飛行（注13），它證明了他有多麼嚮往要模仿鳥類的飛行技術：「大鳥（注14）蹲踞在大天鵝山脊上，準備它的首航，它要讓整個宇宙驚豔不已，讓人們以所有文字歌頌它，讓它誕生的鳥巢享有永恆的榮光。」（注15）他可能是希望自己有朝一日也可以飛行，而我們從人類實現願望的夢境可以知道，當這個夢想實現時，人們會多麼的快樂。（注16）

為什麼有那麼多人夢想著可以飛行？心理分析的答案是，因為不管是飛行或是鳥類，都只是在掩蓋另一個願望，而有不只一座橋樑可以讓我們認識到這點，不管是語言或事實的橋樑。如果我們對求知欲旺盛的年輕人說，孩子是一隻大鳥或鸛叼來的，如果說古人把陽具畫成有翅膀的東西，如果說德文裡的慣用語「vögeln」是指男性的性行為（注17），而在義大利文裡，男性的生殖器官就直接叫作「l'uccello」（鳥的意思），這些其實都只是一個巨大脈絡的一小部分，它們告訴我們，在夢境裡想要飛行的願望只不過是意味著對於性行為的渴望而已。（注18）那是一個嬰兒早期的願望。每當成年人回想他的童年，都會覺得那是個幸福的時光，享受當下，不抱持著任何願望地迎向未來，因此他會很羨慕小孩子。可是如果孩子自己可以表達的話，或許會有不同的說法。他的童年似乎不是被我們後來扭曲變形的那種幸福和諧的畫面，孩子的整個童年其實是時時被一種願望鞭笞著，他們渴望長大，渴望像大人一樣。這個願望是他們所有遊戲的驅力。孩子在性的探索當中直覺到，在那個神祕卻如此重要的領域裡，大人們可以為所欲為，可是小孩子既不可以知道也沒辦法做，於是在心裡燃起了一個狂熱的願望，想要也可以做那件事，而那個願望正是以飛行的形式出現在夢境，或者說，這個願望的偽裝正是在為後來的飛行夢想鋪路。在我們這個時代裡總算實現其目標的航空工業，其根源其實就在於人們嬰兒期的性愛願望。

達文西對我們承認說，他在童年就感覺到和飛行的問題有個特別的個人關係，因而對我們證實了，他在童年對於性愛事物的探索，和我們現在的兒童研究的猜測一致。這裡的問題至少逃脫了那種日後使他厭惡性愛的潛抑，從童年一直到心智成熟期，儘管意義略有改變，他始終對這個問題興致盎然，而不管是原本的性愛意義或是機械的意義，他所渴望的技術可能再也無法企及，而使得他的這兩個願望都落得一場空。

偉大的達文西在他整個人生的某些方面一直是很孩子氣的；有人說所有偉人一定會保有嬰兒期的某些東西。儘管已經是大人了，他還是在遊戲人間，這也是為什麼他在當時人們眼裡如此神祕怪誕而難以理解。他為宮廷的慶典以及典禮的接待設計巧奪天工的機械玩意兒，或許我們會抱怨這位大師把他的力氣都浪費在這些不值錢的東西上；而且他似乎也不會覺得和這些東西瞎攪和有什麼不對，因為瓦薩利記載說，就算沒有人委託，他自己也會做類似的事：「他在那裡（羅馬）做了一塊蠟，趁著它還沒有凝固的時候，他捏塑了許多可愛的動物，接著對它們充氣；他對它們吹氣，它們就飄浮起來，可是一旦洩了氣，它們就掉落到地上。貝維第（Belvedere）的葡萄園農夫發現了一隻奇怪的蜥蜴，他剝下其他蜥蜴的皮為牠做了翅膀，又灌了水銀，它在爬行時就會顫動；接著他又為它做了眼睛、觸鬚和角，把它馴服，放到盒子裡，拿它去嚇唬他的每個朋友。」（注19）這些小玩意兒往往是用來傳達意味深長的想法：「他時常會把羊的腸子裡裡外外清洗乾淨，放在手掌心裡，把它拿到一個大房間，又拿了兩隻鐵匠用的鼓風箱到隔壁的小房間，把羊腸子固定在上面，對它充氣，直到它佔滿整個房間，人們只得躲到牆角，如此，他讓人看到腸子怎麼漸漸變得透明，充滿空氣，一開始體積很小，卻漸漸充滿了整個房間，他把它比喻成一個精靈。」（注20）他的寓言和謎題也都會讓人感覺到無傷大雅的隱匿以及巧妙的偽裝的戲謔樂趣，而他的謎題也會採取「預言」的形式表述，才思敏捷但是不怎麼幽默。

達文西在其中馳騁幻想的遊戲或是惡作劇，在某些情況下總是讓不熟悉他的性格的傳記作者如墮五里霧中。例如說，達文西在《米蘭手稿》裡草擬了致「敘利亞（Sorio）的狄奧達里歐（Diodario），巴比倫神聖蘇丹的總督」（注21）的一封信，其中達文西自稱是個被派到那個東方地區從事某個建設的工程師，他被人指摘怠忽職守，於是在信裡為自己辯解，詳述那裡的城市和群山的地理位置，信末則提到當時發生的一次巨大的自然災害。（注22）

一八八一年，李希特（J. P. Richter）試圖依據這段文字證明達文西其實是為埃及蘇丹工作，才記錄了這段旅遊見聞，而在客居東方時更歸信了伊斯蘭教。那次旅行應該是在一四八三年左右，也就是搬家到米蘭大公的宮廷以前。但是在其他作者的評論裡，達文西所謂的東方之旅其實是年輕的藝術家用以自娛的幻想產物，或許是表現他想要見識世界、體驗冒險的願望。

「達文西學院」或許是另一個想像的產物，這個假定是依據五、六枚上面刻有學院字樣的圖案複雜的徽章。瓦薩利曾經提到這個圖案字樣，但是沒有提到學院的事。（注23）閔策把其中一枚徽章的圖案放在他關於達文西的鉅著封面上，他是少數相信「達文西學院」的真實性的人。

當達文西來到了成熟期，這種遊戲的驅力可能早就消失無蹤了，這個驅力流注到研究活動裡，那意味著他的人格最後也是最高度的開展。可是它的長久持存或許也告訴我們，一個人要花多久的時間才有辦法揮別童年，如果說他在其童年享受到日後不復得見的至高性愛愉悅的話。

注1：E. Müntz, loc. cit., S. 13, Anmerkung。

注2：至於另一個更重大的錯誤，他父親其實是享年七十七歲，他卻寫成八十歲，我則姑且不論。

注3：（譯注）或譯為語句反覆症、持續現象、持續言語。

注4：Canto, XXVII, V. 22-25。

注5：（譯注）引文中譯見：《神曲‧天堂篇》頁415，黃國彬譯註，九歌出版社，2003。

注6：達文西在那一則日記裡似乎也搞錯了他的弟弟妹妹的人數，而有違他表面上做事講究周密詳盡的性格。

注7："Il duca perse lo stato e la roba e liberfâ e nessuna sua Opera si finì per lui." v. Seidlitz, loc. cit., II, S. 270.

注8：loc. cit., S. 348。

注9：Chi disputa allegando l'autorià non adopra l'ingegno ma piuttosto la memoria; Solmi, Conf. fior., S. 13。

注10：Müntz, loc. cit., *La religion de Leonard*, loc. cit., S. 292 u. ff.。

注11：Herzfeld, S. 292。

注12：（譯注）希臘神話裡主司命運和必然性的女神。

注13：（譯注）見達文西的《鳥類飛行手稿》（*Sul Volo degli Uccelli*, 1505）。

注14：（譯注）指達文西設計的飛行器。

注15：M. Herzfeld, L. d. V., S. 32。「大天鵝」應該是指翡冷翠人所說的切切里山（Monte Ceceri）（又稱天鵝山）。

注16：（譯注）見《達文西傳》頁192-199。

注17：（譯注）德文「Vögel」是鳥的意思，動詞「vögeln」則是指交尾。

注18：這是依據費德恩（Paul Federn）以及挪威科學家佛爾德（Mourly Vold, 1912）和心理分析無關的研究。

注19：Vasari, übersetzt von Schorn, 1843。

注20：同前揭：S. 39。

注21：（譯注）或謂「狄奧達里歐」其實是指（Defterdar），土耳其大城市裡的「財政官」。

注22：關於這封信以及相關的敘述，見：Müntz, loc. cit., S. 82 ff.。信件原文見：Herzfeld, S. 223 u. ff.。

注23：「此外，他有時候會埋首素描繩結的圖案，一圈圈的圓形複雜到找不到繩索的兩端；那是難度相當高而美麗的銅版畫圖案，在圓心可以讀到『達文西學院』（Leonardus Vinci Academia）的字樣。」（S. 8）

第六章

現在的讀者應該都會覺得病跡學（Pathographie，或譯為疾病誌）是讓人相當難堪的東西，這是我們無法欺騙自己的事。厭惡它的人表面上會譴責說，對於一個大人物的病史研究，其實無助於理解他的重要性以及他的成就；在他身上探究任何人都會有的東西，那只是無益戲論而已。不過批評說它只是一種託詞和偽裝，顯然不盡公正。病史的研究並不是要去理解大人物的成就：倘若一個人做不到他根本沒有承諾要做的事，我們也沒辦法真的指責他。人們反對它的真正動機並不在此。我們若是想到傳記作者以怪異的方式固戀於他們的主角，就會明白其動機了。他們在選擇研究對象時，往往因為個人的情感因素而一開始就對他展現特別的感情。他們醉心於這種理想化的作用，極力要把這個大人物擺到他們嬰兒期的模範之列，在他身上重現童年時對於父親的想像。為了滿足這個願望，他們擦掉他的個人臉部特徵，抹平他和內在、外在的阻力對抗的痕跡，不容許他身上有任何人性弱點或者不完美，讓我們看到一個冰冷而陌生的理想形象，而不是我們感覺到似曾相識的人。他們這麼做相當可惜，因為他們為了一個幻覺而犧牲了真理，為了他們嬰兒期的幻想而放棄了探究最引人入勝的人性祕密的機會。（注1）

滿懷著對於真理的愛以及求知欲的達文西，並不介意我們就他的生活當中微不足道的怪癖和謎團去猜測到底有哪些條件決定了他的心理和知性的發展。我們越是認識他，就越加敬重他。就算我們探究他因為童年的發展而被犧牲的東西，整理出那些在他的人格烙印上悲劇性特質的種種因素，也不會損及他的偉大。

我們特別強調說，我們從來沒有把達文西當作精神官能症患者，或是講難聽一點，把他說成「神經病」。有人抱怨說我們把源自病理學的觀點套用到他身上是鹵莽大膽之舉，他們其實太過拘泥於我們現在可以合理揚棄的那些成見。我們不再相信健康和疾病、正常人和神經病之間有什麼涇渭分明的區別，而且精神官能症的特徵也應該被視為一般性的劣勢（Minderwertigkeit）的證據。現在我們知道精神官能症的症狀是某些潛抑的種種替代作用（Ersatzbildungen）（注2），那是我們在從兒童發展成文明人的過程當中都會經歷到的，我們也知道我們都會產生這種替代物，這些替代物的數量、強度和分配，只是證明了關於疾病的實務性概念以及關於構造上的劣勢的推論。依據關於達文西人格的蛛絲馬跡，我們會傾向於把他歸類在所謂「強迫型」的精神官能症裡，他的研究類似於精神官能症病患的「強迫性思考」，而他的抑制作用則類似於精神官能症病患所謂的「意志力喪失」(Abulien, abulia)（注3）。

我們的研究旨在解釋達文西的性生活以及藝術創作當中的抑制作用。為此我們不妨概述一下我們關於他的心理演變過程的猜想。

我們對於他的遺傳關係所知有限，但是我們知道他在童年的偶然情況對於他造成嚴重的干擾。由於他是非婚生子，使得他一直到五歲都沒辦法得到來自父親的影響，而沉湎於母親的感情誘惑，因為他是她唯一的慰藉。他時常被母親「擁吻」（emporküssen）個不停，在性愛方面相當早熟，應該已經進入嬰兒期的一個性行為階段，他在嬰兒期對於性愛的熱烈探索，當然只是其中的一個表現方式而已。窺淫驅力（Schautrieb）和求知驅力主要也是在童年早期被激起的；口腔的性感區被重視，而且再也沒有被放棄掉。基於其後反其道而行的作為，例如對於動物的過度同情，我們可以推論說，在這個童年期也不乏強烈的施虐癖（sadistisch）特徵。

有一股潛抑的推力（Verdrängungsschub）會結束這個童年期的放肆行為，並且確立在青春期的年齡會顯現出來的種種心理特質。對於任何性行為的排斥，是這個轉變最顯著的結果。達文西可以過著禁欲的（abstinent）生活，讓人覺得他是個無性戀的（asexuell）人。青春期的衝動的洪水湧向男孩子，卻沒有迫使他形成代價很高而有害的替代物並且因而致病；由於早期對於性愛方面的求知欲的偏愛，大部分的性欲需求都可以被昇華為一般性的求知欲，因而避免了潛抑的下場。而更小部分的原欲則是應用在性愛的目的上，再現為成人漸漸枯萎的性生活。由於對於母親的愛被潛抑，這個部分也不得不採取一種同性戀的態度，表現為對於男孩的一種情愫。對於母親的固戀以及對於和母親的關係的幸福回憶則持存在無意識裡，不過是暫時保持靜止狀態。如是，在性愛驅力對於達文西的心理世界的作用方面，潛抑、固戀和昇華各司其職。

達文西由一個默默無聞的童年，以藝術家、畫家和雕塑家之姿出現在我們面前，那要感謝他在童年早期因為喚醒了窺淫驅力而增強的特殊天賦。在我們的研究資料所及範圍內，我們很想解釋如何把藝術活動歸因到心理上的原始驅力。我們只想強調一個毋庸置疑的事實，也就是說，藝術家的創造同時也是他的性欲的宣洩管道，依據瓦薩利轉述的說法，對於達文西而言，微笑的女性以及俊美少年的頭部，都是他的性愛對象的表現，這點在其早期的藝術實驗裡即可見一斑。作為一個逸興遄飛的年輕人，達文西起初似乎是無拘無束地從事創作。正如他在外在生活裡以父親作為榜樣，他在米蘭也渡過了一個洋溢著男性創作力以及藝術多產的時期，很幸運地在「摩爾人」斯福爾扎的盧多維科身上找到一個父親的替身。可是不久就證實了我們的經驗，現實的性生活的完全壓抑（Unterdrückung），並沒有為昇華了的性欲的活動造就任何有利條件。他的性生活模式使得他喪失了迅速決斷的主動力和能力，在《最後的晚餐》裡明顯可以看到他不斷推敲而遲疑不決的傾向在干擾著他，而技術的影響也決定了這個偉大作品的命運。漸漸的，在他身上出現一個唯有精神官能症患者的種種退行（Regression）差堪比擬的歷程。在青春期使他成為藝術家的那個演變，被在嬰兒期就註定要成為科學家的那個歷程超越了，他的愛欲驅力的第二次昇華作用讓位給在第一次潛抑當中就躍躍欲試的源初的昇華作用。他變成了科學家，起初只是為了他的藝術，接著則是脫離了藝術而和它漸行漸遠。隨著他失去了那個作為其父親的替身的贊助者，生活越來越困頓，這個退行性的補償也就不斷地攻城掠地。就像他在寫給想要請他作畫的女伯爵伊莎貝拉（Isabella d'Este）的信裡所說的，他變得「沒有耐心作畫」（impacientissimo al pennello）。（注4）他沉湎於其童年往事。然而，現在取代了他的藝術創作的科學研究，似乎擁有著若干表現其無意識的驅力作用的特徵，貪得無饜、不講人情的固執，以及欠缺適應現實環境的能力。

在他人生的巔峰時期，也就是五十歲出頭，女人在這個年紀已經性欲大減，而男人的原欲往往依舊奮勇推進，一個新的轉變正要向他襲來。他更深處的心理內容重新活躍起來；可是這個進一步的退行對於他漸漸枯萎的藝術卻不無好處。他遇見那位女士，她喚起了他對於母親幸福而性感誘人的微笑的回憶，由於這個回憶的影響，在他形塑了女性的微笑時，他重拾了從前藝術實驗的衝動。他畫了《蒙娜麗莎》、《聖母子和聖亞納像》以及一連串以謎樣的微笑著稱的神祕畫作。他憑著最早的愛欲衝動，再度在其藝術裡慶祝他的戰勝抑制作用。由於他年事已高，這個最後的演變也在我們眼前漸漸褪色。

我在前面的章節裡提到，如果要描述達文西的演變歷程，劃分其一生的種種階段，說明他在藝術和科學之間的搖擺不定，我們可以怎麼證成它的正當性。如果我的這些闡述讓我在心理分析圈的朋友和專家覺得我只是在寫一部心理分析的小說，那麼我會回答說，我並沒有高估這些結論的確定性。我和其他人一樣，都臣服於這位偉大而神祕莫測的男子的吸引力，在其本性當中察覺到強烈的、驅力的熱情，而它們卻只能以如此奇特的淡漠方式表現出來。

但是不管達文西的生活真相是什麼，我們都忍不住試圖以心理分析的角度證明它，直到我們完成另一項工作為止。我們必須劃定心理分析在傳記文學裡的效用的一般性界限，才不會把任何中斷的解釋視為失敗的嘗試。心理分析以生活經歷的資訊作為研究材料，它們一方面涉及事件和環境因素的偶然性，另一方面則是關於個人的反應的記載。心理分析依據對於種種心理機制（Mechanismus）的知識，試圖以動力學的角度從個人的反應推論出他的本性，揭露他原始的心理驅力及其後來的轉化和演變。如果可以做到這點，我們就可以藉由體質和命運、內在力量和外在力量的共同作用去解釋個人的一生行徑。就算這樣的工作沒有得到確定的結論，正如達文西的情況，我們也不能歸咎於心理分析在方法學上的缺失或不足，問題應該是在於關於這個人的資料的不確定性以及殘缺不全。所以說，真的要誰為這個失敗負責的話，那也是傳記作者，因為他讓心理分析不得不就不完備的材料提出鑑定。

可是就算可以應用的歷史材料再怎麼豐富，對於心理機制的處理再怎麼確定，在兩個重要的問題上，心理分析的研究依舊看不出來為什麼個體必然會如此演變。就達文西而言，我們不得不認為，身為非婚生子的這個偶然性，以及他的母親對他的過度溫柔，對於其性格的形成以及其後的命運構成了重大的影響，因為在童年期之後產生的性潛抑，使得他的原欲昇華成求知欲，也使得他在後來的生活裡對於性愛相當消極。可是在童年最早的性欲滿足之後的這個潛抑並不一定會真的出現，在其他人那裡或許不會出現，或者是程度沒有那麼可觀。在這裡，我們必須承認有若干程度的自由的存在，那是心理分析猜想不到的。我們也不可以把這個潛抑推力視為唯一的可能出口。或許其他人沒有那麼幸運，沒辦法把大部分的原欲昇華為求知欲而豁免於潛抑。任何人經歷了達文西那樣的遭遇，都可能會產生思考上的永久性損傷，或者是難以克服的強迫症傾向。於是，達文西的這兩個特質一直是心理分析工作無法解釋的：他相當奇特的驅力潛抑傾向，以及昇華原始驅力的非凡能力。

驅力及其轉化作用一直是心理分析最難以辨識的部分。就這個範圍而言，它必須讓位給生物學的研究。我們不得不把潛抑傾向和昇華能力歸因於生命體的特徵基礎，心理結構就是建築在那些基礎上面。既然藝術的天賦以及效能和昇華作用有其內在的關聯性，我們就必須承認說，就連藝術成就的本質，我們也沒辦法以心理分析一窺究竟。我們這個時代的生物學研究傾向於以物質的意義下的男性和女性體質的混合去解釋一個人的生命構造的主要特徵；達文西的俊秀長相以及左撇子可以用來作為根據。可是我們不想放棄純粹心理學研究的立足點。以驅力作用的觀點去證明外在經驗和個人反應之間的關聯性，一直是我們的目標。就算心理分析沒辦法解釋藝術家氣質的事實，至少也可以讓我們明白它的種種表現以及侷限性。或許達文西正是因為他的童年經驗，才會畫出《蒙娜麗莎》和《聖母子和聖亞納像》，其作品也才會蒙上悲劇性的命運，以自然科學家的身分達到人生的高峰，而他的所有成就和困境的關鍵也都隱藏在關於鳶鳥的童年幻想裡。

然而我們難道不可以對於這種研究的結論不以為然嗎？它認為父母的偶然境遇對於一個人的命運具有決定性的影響力，例如說，達文西的命運就取決於他的非婚生子身分以及第一任繼母亞貝拉不孕的事實。我想我們沒有權利反對這個說法。如果有人認為偶然的際遇並不足以左右我們的命運，那麼他只是倒退到宗教的世界觀而已，而當達文西在札記裡寫道太陽是靜止不動的時候，他早就超越了這種世界觀了。倘若一個公義的神以及仁慈的神意沒辦法保護我們無助的一生免於這些衝擊，我們當然會覺得很受傷，我們寧可忘記說，在我們的一生裡，一切其實都是偶然的，我們因為精子和受精卵的結合而誕生，它既是偶然的，其中卻也有大自然的規律性和必然性，雖然它們和我們的願望以及幻想沒有什麼關係。在我們生活的決定因素當中，如果要劃分我們的構造的「必然性」以及我們的童年的「偶然性」，在細節上或許沒辦法那麼明確；但是整體而言，我們不能否認我們童年早期的重要性。我們對於大自然一直欠缺足夠的尊重，正如達文西讓人聯想起哈姆雷特的一段話，「大自然充滿了我們從未經驗到的無限原因」（La natura è piena d'infinite ragioni che non furono mai in isperienza）。（注5）我們每個人都會對應到無數的實驗其中之一，在其中，大自然的這些「原因」（ragioni）會奮力擠到經驗裡。

注1：這個批評是普遍有效的，而不是特別針對達文西的傳記作者。

注2：（譯注）佛洛伊德的術語，又稱為「Surrogat」，在意識裡以被容許出現的症狀取代不被容許而潛抑的事物。

注3：（譯注）指動機的喪失，病患會缺乏意志力和主動性，情緒減少，社交性降低，食欲不振，不想說話。

注4：v. Seidlitz, II, S. 271。

注5：M. Herzfeld, loc. cit., S. 11。

第二部

米開朗基羅的摩西像

Der Moses des Michelangelo, 1914

導論

我要先聲明我不是什麼藝評家，而只是個門外漢。我經常說，對我而言，藝術作品的內容要比它的形式和技術性質更有吸引力，雖然藝術家更在意的是後者。關於藝術的許多技法和效果，我其實沒有什麼正確的理解。我必須這麼說，關於我的嘗試，務請讀者們見諒。

不過，藝術作品的確對我影響甚大，特別是文學和雕塑作品，繪畫則比較少。只要一有機會，我都會駐足在它們前面，以我自己的方式去把握或理解它們是如何產生效果的。只要我沒辦法這麼做，例如說音樂，我就會覺得索然無味。我心裡有個理性主義的、或者說分析的氣質，它使我沒辦法既覺得感動卻又不明所以或是不知道是什麼東西感動我。

不過我也注意到一個看似弔詭的事實：總是有些偉大而震撼人心的藝術創作，世人始終無法一窺其堂奧。我們對它們驚豔不已，舌撟不下，卻說不上來它們要表現什麼。我所學有限，不知道以前有沒有人談論到這點，或是有哪個美學家可以指出，如果藝術作品要造成最大的效果，就必須讓我們的領悟力不知所措。而我自己則是難以相信這樣的條件。

我並不是說藝術行家或是愛好者在對我們讚賞這樣的藝術作品時會感到詞窮。

在我看來，他們總是有話要說。可是面對藝術家這樣的大師創作，他們總是言人人殊，卻沒有一個人可以為不懂得附庸風雅的欣賞者解惑。對我而言，只有藝術家自己的意圖才會真正使我們流連忘返，只要他有辦法在作品裡把它們表現出來並且讓我們心領神會。我知道那不是單純理性的認知，他的意圖是要在我們心裡再度喚醒那個激起藝術家創作驅力的情感狀態，或者說是心理叢結（psychische Konstellation），可是為什麼藝術家的意圖沒辦法像其他心理事實那樣可以意會言傳呢？或許偉大的藝術作品如果沒有使用心理分析的方法就沒辦法說出個所以然來吧。而如果說作品是藝術家的意圖和衝動的有效表現，那麼它就應該可以被分析。為了猜想這個意圖是什麼，我首先必須可以找出在藝術作品裡被表現的事物的**意義和內容**，也就是**解析**（deuten）它。這樣的藝術作品或許需要解析，而我也只有在完成解析之後才有辦法知道為什麼我會對它如此印象深刻。但願在完成這樣的分析之後，這個印象不會跟著褪色。

現在我們來想一下《哈姆雷特》，莎士比亞在三百多年前的大師作品（注1）。我探究了這部心理分析的文學作品，也同意以下的主張，也就是說，直到把作品回溯到伊底帕斯情結的主題，心理分析才解開了這個悲劇效果的謎團。但是在這之前，卻到處充斥著各式各樣相互矛盾的解析，以及關於主角的性格以及作者的意圖的種種意見！莎士比亞是要我們同情一個病人，或者是一個不可救藥的懦夫，或者是一個違世乖俗的理想主義者？太多這類的解析使我們倒盡胃口，它們既無法解釋作品的效果，反而要我們僅僅憑著作品的深刻思考以及華麗辭藻就要證明它的魅力。可是這種種的穿鑿附會不是正好證明了我們覺得有必要另闢蹊徑去探尋這個效果的來源嗎？

米開朗基羅（Michelangelo）為羅馬聖彼得鎖鏈教堂（San Pietro in Vincoli）創作的摩西的大理石雕像，則是另一件神祕而偉大的藝術作品，我們都知道它只是那座巨大陵墓的一部分，那是藝術家為當時權傾天下的教宗儒略二世（Julius II）建造的。（注2）每次讀到關於這座雕像的評語，總是讓我相當開心，例如說：它是「現代雕塑的王冠」（格林〔Herman Grimm〕語）。因為沒有任何雕塑比它更讓我為之動容。有多少次我沿著難看的加富爾大街（Corso Cavour）陡峭的階梯拾級而上，來到遺世獨立的教堂所在的寥落廣場，卻要忍受這位主角睥睨而忿怒的眼神！有時候我會小心翼翼地走出陰暗的內室，彷彿我也是被他的眼神掃過的庶民，沒有堅持任何想法，既沒有耐心也不相信任何事物，只會在重拾偶像的幻想的時候大聲

歡呼。

可是我為什麼要說這座雕像神祕莫測呢？它當然是在表現摩西，猶太人的立法者，手裡抱著刻有神的誡命的石版。這些都是確定的，但是也就只有這麼多了。最近（一九一二年）有個藝評家索爾蘭（Max Sauerlandt）（注3）說：「世上沒有任何藝術作品會像有著潘神頭部特徵的摩西像那麼讓人意見分歧的。就連對於雕像的簡單詮釋都會完全相互矛盾……」依據手上大概五年來的整理資料，我要概述一下和摩西像有關的種種懷疑，而我們也不難證明說，在那些懷疑後面潛藏著對於理解這個藝術作品而言所有最根本而且珍貴的東西。

注1：或許是於一六〇二年首演。

注2：據索德（Henry Thode）所說，該雕像創作於西元一五一二年到一五一六年間。

注3：（譯注）馬克斯・索爾蘭（Max Sauerlandt, 1880-1934），德國藝術史學家，博物館館長，語見：*Michelangelo, mit 100 Abbildungen: Skulpturen und Gemälde*, Langewiesche, Düsseldorf, Leipzig 1911。

第一章

米開朗基羅的摩西像是坐像；他的身體正對著前方，滿臉于思的頭部望著左邊，右腳著地，左腳踮著腳跟，只有腳趾接觸到地面。右手擱在法版上，摩娑著一部分的虬髯；左手則是輕撫著肚子。如果我要描寫得更仔細一點，那就會預先提到等一下要說的東西。奇怪的是，許多作家對於它的描寫都相當不準確。至於他們不了解的部分，在認知或描述上當然也就含糊其詞。格林（1863, S. 666）說「法版置於手臂下面，右手抓著鬍鬚」。呂布克（Lübke）[注1]也說「他用顫抖的右手抓著氣勢磅礴傾瀉而下的鬍鬚……」；史普林格（Springer）[注2]說：「摩西用左手按著肚子，用另一隻手無意識地抓著飄垂下來的鬍鬚。」尤斯提（C. Justi）[注3]認為他的右手指頭是在撚鬚，「就像現在的文明人會在激動的時候把玩著他的錶鏈一樣」。明策（Müntz）（1895, S. 391 n.）[注4]也強調撚鬚的舉動。索德則是提到「右手擱在法版上的沉穩姿態」。他不像尤斯提或波伊托（Boito）那樣說摩西因為激動而用右手在撩撥鬍子。「他的手抓著鬍子一動也不動，接著這個巨人泰坦才把頭轉向一邊。」布克哈特（Jakob Burkhardt）[注5]則是反駁說：「那著名的左手基本上只是按住身體上的鬍子而已。」

既然這些描述如此天差地遠，那麼關於雕像個別姿態的分歧觀點也就不會讓我們太訝異了。我固然認為索德爾於摩西臉部表情的形容無出其右，他解讀說摩西的臉上「忿怒、痛苦和鄙夷交集」，「若隱若現的緊鎖眉頭流露出來的忿怒，眼神裡蘊含的痛苦，撅著下唇、嘴角下垂暗示的輕蔑」；可是其他的欣賞者應該會有不同的看法。於是，第巴提（Dupaty）認為：「他威嚴的雙眉似乎只是透明的薄紗，底下偉大的心靈則是若隱若現。」（注6）反之，呂布克則說：「在他的臉上，我們看不到什麼深思熟慮的表情；他緊鎖的雙眉也只是在訴說著一種不怒自威的大能以及震懾人心的力量。」紀堯姆（Guillaume）（注7）對於雕像表情的詮釋（1876）更是判若雲泥，他看不出來摩西有任何激動的神情，「只有傲慢的天真無知、激勵人心的威嚴，以及信仰的力量。摩西的雙眸眺望著未來，他預見了他的民族的薪火相傳，以及他的律法的永垂不朽。」閔策也說：「摩西的雙眼橫掃整個人類；它們凝望著只有他才得以窺見的奧祕。」的確，對於史坦曼（Steinmann）而言，這個摩西「不再是專橫武斷的立法者，不再是罪的可怕敵人，憑恃著耶和華的忿怒，而是王室的司祭，他不會衰老，他仁慈而且作預言，眉宇間閃爍著永恆的光輝，向他的族人做最後的道別」。

也有人直言不諱地認為米開朗基羅的摩西像根本沒有要說什麼，一位藝評家在一八五八年的《季刊》（*Quarterly Review*）上寫道：「它欠缺一般性概念下的意義，因而也談不上什麼自成一格的整體的觀念……」我們也會驚訝地看到也有其他人覺得摩西像根本沒什麼，反而排斥它，抱怨它造型野蠻殘忍，以及看似動物的頭部（注8）。

我們的大師是否真的把語焉不詳或者說有歧義的經文刻在石版上，因而有各式各樣的不同解讀？

可是我們還有另一個問題，而它也涵攝了前述的不確定性問題。米開朗基羅是否要在摩西像上創造一種「永恆的性格或情緒的形象」，或者他只是表現主角生命當中特定的、卻又是最重要的一刻？大多數意見支持後者，也都告訴我們被藝術家化為永恆的摩西的是什麼樣的生命場景。那是摩西下西乃山，他在山上得到神的法版（注9），卻看到猶太人用黃金鑄了一頭牛犢，圍著它歡呼跳舞。他的眼睛注視的就是這一幕，雕像所表現的臉部表情，就是他看到這一幕時的感覺，這個感覺在下一刻就要使這個偉岸魁梧的人物做出最激烈的行為。（注10）米開朗基羅選擇了這個猶豫的瞬間，這個風雨前的寧靜，作為他的表現主題；在下一刻，摩西就要跳起來——左腳已經離地了——把法版砸到地上，對不忠實的族人宣洩他的怒氣。

不過支持這個詮釋的人們在細節方面的意見卻有所出入。

布克哈特說：「他似乎是要表現看到族人敬拜金牛而要跳起來的那個瞬間的摩西。他的形象裡駸駸然有個激烈行動的準備，我們只能觳觫恐懼地等待著那個身體力量的爆發。」

呂布克說：「在那個瞬間，他目光如炬的雙眼似乎在注視的膜拜金牛的惡行，一股強烈的忿怒湧上整個人。他用顫抖的右手抓著氣勢磅礡傾瀉而下的鬍鬚，宛如想要暫且壓抑心裡的怫恚，卻反而更加一發不可收拾，以致於在下一刻砸碎了法版。」

史普林格也附會這個看法，卻提出他的一個疑點，在下文裡也引起我們的注意：「我們的主角怒火中燒，好不容易才按捺內心的激動……我們會不由自主地想像一個場景，認為雕像是要表現摩西看到族人膜拜金牛而氣得跳腳。我們很難說這個猜測是否切中藝術家的真正意圖，因為就像上方（注11）其他五座坐像一樣，摩西像主要是作為點綴的效果，可是它卻充分見證了摩西這個人的充沛生命力和個人特質。」

其他一、兩位不同意金牛場景的作者，在詮釋作品時卻也都認為這個摩西的確是一副正想要跳起來並且有所行動的模樣。

賀曼．格林說：「它（這個造型）充滿了了一種威嚴、一種自信、一種感覺，宛若天上的雷電都要聽他使喚，可是他忍住了，而沒有讓它們猛虎出柙，等著看他想要摧伏的敵人是否膽敢攻擊他。他不動如山地坐著，卻又一副要躍起的樣子，驕傲地抬起頭來，把法版夾在臂彎裡的手摩娑著有如瀑流一般傾瀉在胸前的鬍鬚，以及呼吸急促的鼻孔、話語在嘴唇上顫動不已的嘴巴。」

威爾森（Heath Wilson）（注12）也說有什麼東西引起摩西注意，他正想要一躍而起，可是還在猶豫當中。夾雜著忿怒和鄙夷的眼神在下一刻可能就會變成憐憫的目光。

沃夫林（注13）也談到「被抑制的舉動」。在這裡，抑制的原因是個人自己的意志，就在他強忍著一躍而起的那個瞬間。

尤斯提則是充類至盡地把這座雕像詮釋為摩西如何目睹族人祭祀牛犢，並且指出前人就這個觀點而言沒有注意到的細節。他要我們注意一下那兩塊法版的醒目位置，它們正要從石座上滑下來：「摩西有可能或者是望著眾聲喧譁的方向，臉上露出不祥預感的表情，或者是真的看到那個可恥的行為而目瞪口呆。他因為厭惡和痛苦而全身顫抖不已，並且跌坐在地上。（注14）他在山上待了四十個晝夜，應該很疲憊了。他在那個瞬間看到的，可能是一個恐怖的景象，一個命運的巨大轉折，一個罪行，甚或是幸福本身，可是他不明白它的本質、深度或是它的後果。一時間，摩西覺得他的任務被毀了，對於他的族人失望透頂。在這個瞬間，若干不自覺的小動作透露了他的內心有多麼激動。他任由右手夾著的兩塊法版滑落到石座上，法版的稜角抵在地上，半邊身體的重量都用手臂撐在法版上。他的手則是掠過前胸和鬍子，由於脖子轉向左邊，就順勢把鬍子拽到右邊，濃密的鬍鬚因而失去了對稱性；右手指看似在玩弄鬍子，就像現在的文明人會在激動的時候把玩著他的錶鏈，左手抓著腹部的袍子（在舊約裡，內臟是情感的部位）。可是左腳縮了回來，右腳往前伸。在下一刻，他就要跳起來，他的心理力量會從情感跳越到意志，隨著右手的動作，法版會摔在地上，以流血為惡行的恥辱贖罪……」「這還不是整個事件的緊張時刻。心理的痛苦仍然存在著，使他幾乎癱瘓。」

克拿普（Fritz Knapp）（注15）的說法也相當類似，只不過他一開始並沒提到上述可疑的觀點，只是延伸解釋讓法版掉落的舉動。「不久前才單獨和神在一起的他，地上嘈雜的聲音轉移了他的注意力。他聽到眾聲喧譁，輪舞的歡呼把他從夢裡叫醒。他轉頭張望聲音的源頭。駭異、嗔怒、義憤填膺，一時間都湧上這個巨人的心頭。法版開始滑落，當摩西一躍而起，要對背棄神的族人破口大罵時，它們掉到地上摔破了……。藝術家正是選擇了這個最緊張的瞬間……」克拿普強調準備要行動的那個片刻，他不認為那是在表現摩西如何抑制內心不能自已的激動。

不可否認的，尤斯替和克拿普上述的詮釋嘗試特別引人入勝。那是因為他們並不執著於人物的整體印象，而是更重視他的個別性格，人們往往震懾於雕像的整體效果，為之瞠目結舌，反而沒辦法注意到這點。頭部和雙眼堅定地轉向左邊，身體面向正前方，這證實了一個假設，也就是認為端坐的摩西突然被左邊的事物轉移了注意力。抬起的腳跟也幾乎只能詮釋成準備要一躍而起的動作（注16），而如果我們假設說，抱著它們的人在盛怒之下使它們滑落而掉到地上，那或許就可以解釋法版相當怪異的擺放方式（它是聖物，而不是隨隨便便擺在角落的配件）。於是我們知道摩西像是要表現這個人一生中相當重要的片刻，也不會不知道那個片刻指的是什麼。

可是索德的兩則評論讓原本以為真相大白的我們再度墮入五里霧中。這位評論家說，他認為法版並沒有滑落，而是「文風不動的擺放著」。他提到了「右手擱在法版上的沉穩姿態」。如果我們仔細觀察一下，應該也會毫無保留地同意索德的說法。法版的確穩穩當當地豎立著而沒有滑落之虞。摩西用右手扶著它們，或者是把右手擱在它們上面。這固然沒有解釋它們是怎麼豎立的，卻還是使得尤斯提和其他人的詮釋站不住腳。

第二個評論更加關鍵。索德提醒我們說，「這座雕像是計畫中六座其中之一，而且是坐像。這兩點都推翻了認為米開朗基羅想要記錄特定的歷史性片刻的假設。因此，就第一點而言，計畫中的坐像所要表現的人類存在的種種類型（行動的生活〔vita activa〕和沉思的生活〔vita contemplativa〕！）（注17），其實排除了認為它是在記錄若干歷史事件的說法。而就第二點而言，以整座陵墓的藝術概念為考量的坐像表現形式，也和那段歷史事件有所牴觸，也就是摩西從西乃山下來走到營裡。」

我們姑且採取索德的思考方式；我的意思是我們可以擴而充之。摩西和其他五座雕像（後來的草圖改為三座）是計畫要點綴陵墓的底座，緊鄰它的應該是一座保羅像。另外兩座，「行動的生活」和「沉思的生活」，則是我們現在在陵墓上看到的瘦弱可憐的利亞（Leah）和拉結（Rachel）（注18），不過她們是立像。就摩西像相對於整體的歸屬性而言，我們難以假設說，這座雕像是要讓觀眾期待他馬上就要從其基座上躍起，單槍匹馬衝出去大呼小叫。如果其他雕像並不像是要表現為準備要做出什麼激烈行動的模樣——那應該不太可能——，那麼如果摩西像讓我們誤以為他要離開基座和同伴，捨棄他在整個陵墓結構裡的角色，那應該讓人感到相當突兀。那會導致嚴重的不一致，除非有外在的不得已的因素，否則我們不認為藝術家會那麼做。這麼一個準備要衝出去的形象，應該和整個陵墓要在人們心裡喚起的情致不相容。

所以說，這個摩西應該不會想要跳起來，他應該是像其他雕像一樣莊嚴肅穆，不動如山，就像教宗本身的擬定形象（後來並不是由米開朗基羅完成的）。我們看到的摩西，也不會被表現成怒不可遏的男人，剛從西乃山下來，看到他的族人背棄了神，憤而砸碎了神聖的法版。其實，我還記得初次造訪聖彼得鎖鏈教堂時感到的失望，那時候我佇立在雕像前面，期望看到他抬起腳跟，驀地把法版砸到地上，以宣洩他的怒火。但是什麼事也沒有發生；相反的，那石像越來越凝滯，幾乎是流露出一種超脫塵俗的神聖寧靜，我不由得感覺到這裡是要表現永恆不變的東西，摩西會永遠滿懷著他的慍惱這麼坐著。

但是如果我們必須捨棄把雕像詮釋成看到偶像時怒不可遏的模樣，那麼也就只能接受認為那是在表現摩西的性格的那種觀點。索德的判斷似乎是最順理成章的，也最貼近對其行動的動機的分析：「一如以往的，他在這裡也是要塑造一種性格類型。他創造了一個疾言遽色的人類領袖形象，摩西知道自己為神立法的任務，卻遭到人們無知的抗拒。要表現這個行動當中的人，唯一的方式就是強調意志的力量，描摹山雨欲來的寧靜，例如轉頭、肌肉的緊繃，左腳的位置。梅迪奇禮拜堂的裘利亞諾像的『行動人』（vir activus）在造形上則如出一轍。他要突顯這個天才和群眾之間的衝突以加深整個性格印象：忿怒、鄙夷和痛苦的情緒變成了類型化的表現，否則就沒辦法彰顯這個超人的本質。米開朗基羅創作的不是一個歷史人物，而是一個充滿難以戰勝的力量的性格類型，這個力量要想辦法馴服頑固的世界。他不僅刻畫了聖經裡的人物，也刻畫了他自己的內心經驗，更包括他對於教宗儒略二世這個人以及薩佛納羅拉（Girolamo Savonarola, 1452-1498）的衝突事件（注19）的印象。」

這個說法和克那福斯（Knackfuss）的評論很相近：摩西像的效果的主要祕密在於內心的怒火和外在的鎮定神情之間的藝術對比。

對於索德的解釋，我看不出有什麼要反駁的，但是覺得有不足之處。也許在主角的心理狀態以及表現在其姿態上的「外表的鎮定」和「內心的動蕩」的對立之間，我們有必要找到更內在的關係。

注1：（譯注）威廉．呂布克（Wilhelm Lübke, 1826-1893），德國藝術史學家，是藝術史先驅，語見：*Geschichte der Plastik von den ältesten Zeiten bis auf die Gegenwart.* Seemann, Leipzig 1863。

注2：（譯注）安東．史普林格（Anton Springer, 1825-1891），德國藝術史學家，語見：*Raffael und Michelangelo.* Leipzig: Seemann, 1878。

注3：（譯注）卡爾．尤斯提（Carl Nicolaus Heinrich Justi, 1832-1912），德國藝術史學家，語見：*Michelangelo: Beiträge zur Erklärung der Werke und des Menschen.* Leipzig: Breitkopf & Härtel, 1900。

注4：（譯注）尤金．閔策（Eugène Müntz,, 1845-1902），法國藝術史學家。

注5：（譯注）雅克．布克哈特（Jacob Burckhardt, 1818-1897），瑞士藝術史學家，見：*Die Cultur der Renaissance in Italien.*1860。

注6：Thode, loc.cit., S. 197。

注7：（譯注）讓．紀堯姆（Jean-Baptiste Claude Eugène Guillaume, 1822-1905），法國雕塑家。

注8：（譯注）《舊約聖經．出埃及記》34:28-29：「摩西在耶和華那裡四十晝夜，也不吃飯也不喝水。耶和華將這約的話，就是十條誡，寫在兩塊版上。摩西手裡拿著兩塊法版下西乃山的時候，不知道自己的面皮因耶和華和他說話就發了光。」在武加大拉丁文譯本裡，「發了光」被譯為「長了角」，許多畫作和雕塑裡的摩西造型因而也多了兩隻角。

注9：（譯注）《舊約聖經．出埃及記》31:18：「耶和華在西乃山和摩西說完了話，就把兩塊法版交給他，是神用指頭寫的石版。」

注10：（譯注）《舊約聖經．出埃及記》32:19-20：「摩西挨近營前，就看見牛犢，又看見人跳舞，便發烈怒，把兩塊版扔在山下摔碎了，又將他們所鑄的牛犢用火焚燒，磨得粉碎，撒在水面上，叫以色列人喝。」

注11：指教宗陵墓。

注12：（譯注）查爾斯．威爾森（Charles Heath Wilson, 1809-1882），英國藝術老師和作家，見：*Life and Works of Michelangelo Buonarroti*。

注13：（譯注）沃夫林（Heinrich Wölfflin, 1864-1945），瑞士藝術史學家。

注14：我們要注意到，端坐著的人物的外袍整整齊齊地覆蓋在腿上，這點使得尤斯提的解釋的第一個部分就站不住腳了。雕像要表現的應該是摩西平靜地坐著，不期然地看到那個場景而大吃一驚。

注15：（譯注）弗里茨．克拿普（Fritz Knapp, 1870-1938），德國藝術史家，見：*Michelangelo: Des Meisters Werke in 169 Abbildungen*, Deutsche Verlag-Anstalt, 1907。

注16：雖然梅迪奇禮拜堂的裘利亞諾像（Giuliano di Lorenzo de' Medici (1479- 1516)）也是左腳跟離地。

注17：（譯注）語見亞里斯多德《尼各馬可倫理學》。

注18：（譯注）雅各的兩個妻子。

注19：（譯注）薩佛納羅拉是義大利道明會修士，一四九四年，梅迪奇家族被法國推翻，薩佛納羅拉成為翡冷翠的俗世領袖，建立翡冷翠宗教共和國，因施政嚴酷而被推翻並處以火刑。

第二章

早在我有機會認識心理分析之前，我聽說有一位俄羅斯藝評家伊凡・勒莫列夫（Ivan Lermolieff），他在一八七四年到一八七六年間以德文發表其論文，在歐洲的畫廊界掀起一波革命，因為他質疑許多畫作的原作者，示範如何明確鑑定真跡和仿作的方法，並且就以前被疑為偽託的畫作推測出真正的創作者。他之所以做得到這點，那是因為他捨棄對於一件作品的整體印象和顯著特徵，而著眼於細枝末節的特殊意義，諸如指甲、耳垂、聖人光環及其他不起眼的小地方的造型，那些都是仿畫者會忽略要摹仿的，而在這些方面，每個藝術家都會有他獨特的創作手法。我更聽說有個叫作墨雷利（Morelli）的義大利醫生，他取了一個俄羅斯文的假名。他死於一八九一年，當時是義大利王國的參議員。我想他的研究方法和臨床心理分析的技術很接近。而且從人們不屑一顧或是忽略的特徵，從所謂的渣滓（refuse）裡，推測出神祕而隱蔽的東西，也是司空見慣的事。

摩西像有兩個小地方，至今一直沒有人注意到其中的細節，當然也沒有正確的描述。我說的是右手的姿勢以及兩塊法版的擺放位置。我們可以說，這隻手以相當怪異、勉強而需要解釋的姿勢，擱置在法版以及悻悻然的主角的鬍子之間。以前的人說，他用手指在撥弄鬍鬚，把玩著一綹綹的鬍鬚，手腕外側則是擱在法版上。可是顯然不是這樣。我們有必要更加仔細地瞧瞧右手手指到底在做什麼，並且更加確切地描述它們在把玩的濃密鬍鬚。

於是我們會清楚看到：他的大拇指藏了起來，只有食指真正觸摸到鬍子，它按壓在柔軟的鬚髮上，使得上方和下方（按壓的手指接近頭部以及腹部的地方）的鬍鬚隆起來而比它突出。其他三根手指頭則是頂著鬍子，手指末端關節彎曲，按壓在胸膛上，只是輕輕碰到掠過它們的最右側的鬚辮。它們可以說是避開了鬍子。因此我們不能說那隻右手在撫摸著鬍子或是撩撥它，右手食指只是擺在一部分的鬍子上面，壓出一道很深的凹槽。不可否認的，用一根手指頭按壓著鬍子，是個相當不尋常而讓人費解的動作。

摩西讓人嘖嘖稱奇的鬍鬚從臉頰、上唇和下頷分成許多鬚辮一路傾瀉而下，我們甚至可以區分它們的不同路徑。從臉頰垂下來的最右邊的一綹鬚髯，覆蓋在食指上緣，而食指則是按著鬍子固定它。我們可以假設說它從食指以及看不見的拇指中間滑下去。和它呼應的左側長鬚則是不偏不倚地流瀉到胸口上，這一綹鬍子內部（也就是它和中線之間）的濃密鬚髮，則有極為不尋常的遭遇。它並沒有跟著頭部向左偏移，而是很不自然地形成柔軟捲曲的弧線，一段花環，而和右側內部的鬍子交叉。它也被右手手指壓住，雖然它是由中線左側垂下的，原本也是要表現左臉的鬍子。所以說，鬍子的主要部分看起來是被甩到右側，儘管頭部劇烈地向左轉。右手手指按壓的鬍子部位形成了一個漩渦；左側的鬚辮疊在右側的鬚辮上，它們都被有力的手指緊緊按住。直到離開這個部位，方向偏移的這些鬍鬚總算掙脫而筆直瀉下，一直到腹部才停下來，被張開的左手扶住。

我不敢妄稱我的描述有多麼合情入理，也不敢貿然認為雕刻家是真的要讓我們解開鬍子上的結。但是撇開這個懷疑不談，事實上，**右手**手指主要是按著**左側**的鬍子，而阻止它跟著頭部和眼神轉向左側。現在我們可以問說，這個構圖有什麼意義，而它的存在又是基於什麼樣的動機。如果說，藝術家讓向左張望的摩西把傾瀉而下的鬍子挽摟在右側，真的是基於線條流動和空間填充的考量，那麼用手指按著鬍子的這個做法為什麼看起來會那麼彆扭？如果人們基於任何理由而想要把鬍子攔在另一邊，他會突發奇想，透過一根手指頭的壓力，把一半的鬍子固定在另一半上面嗎？可是或許這個微不足道的特徵並不意味著什麼，而我們只是為了藝術家漠不關心的事情在庸人自擾而已？

讓我們基於這個假設而推論說，就連這個細節也有其意義。那麼有個答案可以解決這個難題，讓我們直覺到一個新的意義。如果說摩西的左側鬍子被右手手指按住，我們或許可以把這個姿勢理解為右手和左側鬍子的關係的尾聲，旨在表現的前一刻，它們的關係可能要緊密得多。右手原本抓著鬍子的力量或許大得多，整個抓著左側鬍子，後來才回到雕像現在的姿勢，有一部分的鬍子可以證實前一刻的動作。鬍子的花環造型或許就是這隻手掠過的痕跡。

於是，我們推論說右手有個縮回來的動作。這個假設使我們不得不接受另一個假設。我們以想像補足了由鬍子證實的整個動作，這個場景只是其中一個環節；我們也很自然地追溯到一個觀點，也就是認為端坐著的摩西被族人的喧鬧和祭祀金牛的場景嚇一跳。他平靜地坐在那裡，蓄著飄垂的鬍鬚的頭部面向正前方，他的手可能沒有碰到鬍子。接著吵嚷的聲音傳到他的耳裡，他轉頭望著喧鬧的方向，定睛一看就明白怎麼回事。現在他氣急敗壞，意欲一躍而起，懲罰且消滅褻瀆神的族人。怒不可遏的他和族人有一段距離，整個身體扭了過去。焦灼而按捺不住的手抓住跟著頭部轉向的鬍子，一把拽在大拇指和掌心之間，手指緊緊扣住，一副劍拔弩張的姿勢，讓人想起米開朗基羅其他的作品。可是不知道什麼時候也不知道為什麼，出現了一個轉變，原本伸出去抓著鬍子的手，急忙鬆開手指，放開鬍子縮了回來，可是原本抓在手裡的一大把鬍子，這時候也跟著從左側被拽到右邊來，右手食指還按著這個部分的鬍鬚。這個必須從上一個動作去理解的新的姿勢，於是就被保留下來了。

現在是思考一下的時候了。我們假設說，右手起初並沒有碰到鬍子，在一個情緒激動的瞬間，它才伸向左邊抓住鬍子，接著又縮手，並且把一些鬍子攬到右邊來。我們就這麼處理了這隻右手，彷彿我們可以任意支配它似的。可是我們真的可以這麼做嗎？這隻右手真的沒有事要做嗎？它不是要扶著法版或者是抱著它們嗎？這種模擬式的闡述難道不會牴觸了這個重要任務嗎？再說，如果有個強烈的動機使它捨棄原來的姿勢，那又是什麼事情使它縮回來？

這些的確是新的難題。摩西的右手當然是和法版在一起。我們在這裡也沒辦法否認說，我們看不出他有什麼動機要像我們推論的那樣把手抽回來。但是萬一這兩個難題一起解決了，因而證明只是一個連續的事件呢？萬一法版的位置可以為我們說明右手的動作呢？

這兩塊法版有若干至今被認為不值一哂的地方要注意一下。有人說右手是擱在法版上，或者說右手支撐著法版。我們也一眼就看到兩塊併排著的四方形法版是頂著稜角豎立的。如果我們就近端詳一下，應該會看到法版下緣的造型不同於向前傾的上緣。法版上緣是平整筆直的，而下緣前端則是有個像犄角一樣的突出物，法版就是頂著這塊突出物和基座接觸的。這個細節意味著什麼（再說，在維也納美術學院館藏的巨型石膏像也沒有正確複製這個部分）？根據文字方向，這個犄角無疑是要標示法版的上緣。這類四方形的法版上緣一般是圓形的或是彎曲的。所以說，我們看到的法版其實是倒置的。如此處置這樣的聖物的確很怪異。它們倒著放，而且是顫巍巍地頂著稜角豎立的。究竟是什麼形式環節促成這種造型的？或者是就連藝術家自己也不在乎這個細節？

現在我們會猜想，就連法版現在的位置也是上一個動作造成的，這個動作和我們假設的右手位置的改變有關，是它使得右手不得不抽回來的。手部的動作和法版的動作組成了以下的整體事件：起初摩西平靜地坐著，把法版筆直置於右手臂彎底下，用手托著下緣，手指撐住前端的突出物。這個減輕支撐負擔的動作直接說明了為什麼法版倒著放。接著，鼓譟喧鬧打破了寧靜。摩西轉頭看到那個場景，不覺氣得跳腳，右手放開法版，伸到左上方緊緊抓住鬍子，一副要把怒氣都宣洩在自己身上的樣子。現在法版全靠手臂夾住它們。可是這樣並不足以固定，它們漸漸往前和往下滑，剛才水平放置的法版上緣也向前傾倒，失去支撐的下緣前端稜角也越來越接近石座。又過了一會兒，法版有可能會在剛找到的支點上轉動，上緣撞到地上，摔個粉碎。**為了防止這個情況的發生**，右手趕緊抽回來，放開鬍子，無意間把一部分的鬍子也拽了過來，扶住法版的後端（現在變成了上端）。於是，看起來很怪異的組合，鬍子、手以及傾斜的法版，都是手部激烈的動作及其合理的後續舉動的結果。如果我們要回復這個激烈的舉動，就必須把法版擺正，把它們的前端（有突起物的那頭）從石座上拿起來，用手托住現在變成水平的法版下緣。

我找了一個畫家為我畫了三張速寫，以說明我的描述。圖三（Fig.3）是描摹我們看到的雕像，另外兩張圖則是表現我所假設的上一刻的動作，圖一（Fig.1）是安靜從容的姿勢，圖二（Fig.2）則是劍拔弩張的時刻，準備一躍而起，右手放開法版，而法版也跟著開始滑落。值得注意的是，由我的畫家補充的兩則描繪如何指出前人說法的不足之處。和米開朗基羅同時代的孔第維（Condivi）（注1）說：「摩西，希伯來人的族長和領袖，心事重重地坐著，**右臂夾著法版**，以左手支頤（！），疲倦而憂心忡忡。」我們在米開朗基羅的雕像上完全看不到這樣的描述，可是它和圖一的假設幾乎如出一轍。呂布克和其他評論者一樣寫道：「他用顫抖的

Fig. 1

Fig. 2

Fig. 3

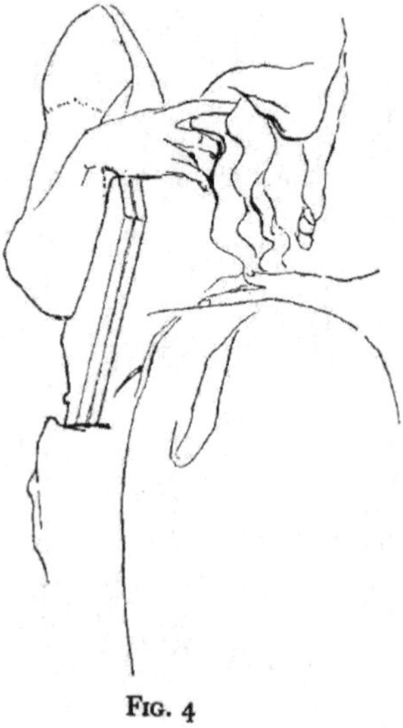

Fig. 4

右手抓著氣勢磅礴傾瀉而下的鬍鬚……」我們只要看一下雕像的那張速寫，就知道他的說法站不住腳，卻符合我們的第二張速寫。如上所述，尤斯提和克拿普看到法版正要滑落而且有摔破的危險。索德則糾正他們說，摩西用右手把法版固定住，然而如果他指的是我們重建的第二個動作，而不是我們看到的雕像，那麼他或許是對的。我們幾乎可以說，他們都擺脫了雕像的視覺印象，不自覺地分析其動作的動機，並因而提出和我們有意識而明確地建立的論點若合符節的主張。

注1：（譯注）孔第維（Ascanio Condivi, 1525-1574），義大利畫家和作家，以米開朗基羅的傳記作者著稱。見：*Vita di Michelagnolo Buonarroti*, 1553。

第三章

如果我沒有錯的話，我想現在可以收割我們努力的成果了。我們看到許多對於這座雕像印象深刻的人，都不由得把它詮釋成摩西看到其族人墮落而圍著偶像跳舞的那個場景。可是我們必須拋開這種詮釋，因為它會讓我們期待摩西在下一刻就要跳起來，把法版摔破，並且報復族人。然而它卻牴觸了這個人物的設定，也就是和其他兩個或五個人物共同構成儒略二世陵墓的一部分。現在我們可以重拾這個被捨棄的詮釋，因為我們的摩西不會跳起來，而法版也不會摔破。我們看到的不再是一個激烈行動的序曲，而是上一個動作的尾聲。氣急敗壞的摩西原本要跳起來，報復他的族人，而忘記了法版，可是他戰勝了誘惑，忍抑忿怒，夾雜著鄙夷和痛苦，端坐不動。他也不會扔掉法版，把它們砸碎在石座上，因為他正是為了法版才壓抑怒火的，為了保護法版，他必須克制他的激情。目眥欲裂的他忘記了法版，把夾著法版的手伸了出去。於是法版跟著就要滑落，而且有摔破的危險。他心下一凜，想起了他的使命，為了它而放棄逞一時之快。他把手抽回來，在法版掉下去之前拯救了它。於是他保持這個姿勢不動，而米開朗基羅也據此把他表現為陵墓的守護者。

沿著人物的垂直方向，表現為三個層次。臉部表情反映了漸漸佔優勢的情緒。在人物的中間部位則可以看到被壓抑的動作的痕跡，腳部則仍然顯現意欲的行動，彷彿是自上而下的克制。我們一直沒有提到的左手，似乎也有必要加以詮釋。它以溫和的姿勢放在腹部，摩娑著流瀉而下的鬍子末梢，它讓人覺得刻意要抵銷另一隻手在上一刻緊抓著鬍子的那種暴戾恣睢。

但是或許有人會反駁說：然而那並不是聖經裡的摩西，那個大發雷霆摔碎法版的摩西。那是個完全不同的摩西，是藝術家的感覺裡的摩西，他擅自更改經文，偽造了聖人的性格。我們真的認為米開朗基羅有這樣的自由，對聖人做出近乎褻瀆的事嗎？

聖經裡關於摩西看見牛犢時的舉動的記載如下（請原諒我採用不合時宜的路德版）：

（《出埃及記》32:7-14）耶和華吩咐摩西說：「下去吧，因為你的百姓，就是你從埃及地領出來的，已經敗壞了。他們快快偏離了我所吩咐的道，為自己鑄了一隻牛犢，向他下拜獻祭，說：『以色列啊，這就是領你出埃及地的神。』」耶和華對摩西說：「我看這百姓真是硬著頸項的百姓。你且由著我，我要向他們發烈怒，將他們滅絕，使你的後裔成為大國。」摩西便懇求耶和華他的神說：「耶和華啊，你為什麼向你的百姓發烈怒呢？這百姓是你用大力和大能的手從埃及地領出來的。」於是耶和華後悔，不把所說的禍降與他的百姓。

（《出埃及記》32:15-20）摩西轉身下山，手裡拿著兩塊法版。這版是兩面寫的，這面那面都有字，是神的工作，字是神寫的，刻在版上。約書亞一聽見百姓呼喊的聲音，就對摩西說：「在營裡有爭戰的聲音。」摩西說：「這不是人打勝仗的聲音，也不是人打敗仗的聲音，我所聽見的乃是人歌唱的聲音。」摩西挨近營前就看見牛犢，又看見人跳舞，便發烈怒，把兩塊版扔在山下摔碎了，又將他們所鑄的牛犢用火焚燒，磨得粉碎，撒在水面上，叫以色列人喝。

（《出埃及記》32:30-35）到了第二天，摩西對百姓說：「你們犯了大罪。我如今要上耶和華那裡去，或者可以為你們贖罪。」摩西回到耶和華那裡，說：「唉！這百姓犯了大罪，為自己做了金像。倘或你肯赦免他們的罪，……不然，求你從你所寫的冊上塗抹我的名。」耶和華對摩西說：「誰得罪我，我就從我的冊上塗抹誰的名。現在你去領這百姓，往我所告訴你的地方去，我的使者必在你前面引路；只是到我追討的日子，我必追討他們的罪。」耶和華殺百姓的緣故是因他們同亞倫做了牛犢。

在現代聖經鑑別學的影響下，我們在讀到上面的經文時，應該都會察覺到把若干不同出處胡亂拼湊在一起的痕跡。在第八節裡，上主親自告訴摩西說，他的百姓已經敗壞了，造了牛犢神像。摩西為罪人們求情。可是到了第十八節，他在和約書亞說話的時候，似乎不知道怎麼回事，當他看到族人膜拜牛犢的場景，驀地勃然大怒（第十九節）。在第十四節，他就已經請求神寬恕犯罪的百姓，可是到了第三十一節以下，他再次上山求情，向上主陳述百姓的敗壞，也得到上主延緩追討罪行的應許。第三十五節則是提到神對百姓的懲罰，但是語焉不詳；而在第二十到三十節卻是在描寫摩西自己如何追討百姓的罪。我們都知道聖經關於出走埃及的歷史部分其實充滿了明顯的不一致和矛盾。

文藝復興時期的人當然沒有這種對於聖經的鑑別態度，只得接受它是個一致的整體，當然也會覺得在藝術表現上相當棘手。聖經裡的摩西早就知道他的族人拜偶像的事，而且也選擇妥協和寬恕，當他看到金牛和跳舞的族人時卻又突然氣急敗壞，難怪藝術家在表現主角又驚又怒的反應時，為了內在的動機而不得不跳脫聖經經文。這種基於不值一哂的動機而偏離聖經經文的作法，在當時並不罕見，也沒有不准藝術家這麼做。帕米賈尼諾（Parmigianino）（注1）有一幅名畫收藏在他的家鄉，畫的也是坐在山上的摩西把法版摔到地上，雖然聖經經文講的是他把法版扔到山腳下摔碎了。而端坐著的摩西就已經悖離了聖經經文，也似乎坐實了評論者的假設，認為米開朗基羅的這座雕像並不是想要捕捉主角人生裡任何特定的時刻。

如果我們的假設沒有錯的話，相較於偏離經文，更重要的是米開朗基羅如何變造了摩西的性格。傳說見證裡的摩西，是個衝動易怒、暴虎馮河的人。有一天，他看到一個埃及人打一個以色列人，一股神義的忿怒湧上來，就打死了那個埃及人，因而不得不逃到曠野。（注2）他也是基於類似的義憤而摔碎了神親自刻寫的法版。傳說中關於他的性格特徵的記載應該相當公允持平，也保存了一個真實存在的偉人的印象。可是米開朗基羅在教宗陵墓裡裝置了一個不同的摩西，而更勝於歷史和傳說中的摩西。他更改了摔破法版的這個主題，它沒有因為摩西的忿怒而摔碎，摩西反而因為擔心它會摔破而平息怒火或者至少防止它變成行動。如此一來，他在摩西的塑像加上了超越人性的新元素；魁梧的身材和虯結的肌肉，只是用來烘托一個人極致的心理成就的身體表現方式，也就是為了奉獻一生的天命而壓抑自己的情感。

對於米開朗基羅的雕像的詮釋，我想可以到此為止了。

人們或許會問，藝術家究竟是基於什麼動機而為教宗儒略二世的陵墓選定摩西這個人物，而且是判若兩人的摩西。許多人一致認為，這些動機可見於教宗的性格以及藝術家和他的關係當中。儒略二世和米開朗基羅很類似，他想要成就一番偉大的事業，尤其是好大喜功。他是個劍及履及的人，而且志向明確，矢志在教宗任內統一義大利。數百年後結合其他力量才得以實現的事業，他在短短的任期內就等不及要憑著一己之力，以武力的手段成就它。他和米開朗基羅惺惺相惜，可是他的暴躁易怒和冷酷無情讓米開朗基羅吃盡苦頭。藝術家同樣野心勃勃，可是他更有自知之明，也預感到他們註定要功虧一簣。於是他在教宗陵墓上雕刻了他自己的摩西，不無抱怨死者之意，同時也是自我警惕，以自我批判超越了自己的本性。

注1：（譯注）即馬佐拉（Girolamo Francesco Maria Mazzola, 1503-1540），十六世紀義大利矯飾主義畫家。

注2：（譯注）《出埃及記》2:11：「後來，摩西長大，他出去到他弟兄那裡，看他們的重擔，見一個埃及人打希伯來人的一個弟兄。他左右觀看，見沒有人，就把埃及人打死了，

藏在沙土裡。第二天他出去，見有兩個希伯來人爭鬥，就對那欺負人的說：『你為甚麼打你同族的人呢？』那人說：『誰立你作我們的首領和審判官呢？難道你要殺我，像殺那埃及人嗎？』摩西便懼怕，說：『這事必是被人知道了。』法老聽見這事，就想殺摩西，但摩西躲避法老，逃往米甸地居住。」

第四章

一八六三年，一個英國人洛伊德（Watkiss Lloyd）（注1）寫了一本小書研究米開朗基羅的摩西像。我一拿到這本僅僅四十六頁的書，百感交集地一口氣讀完它。我終於再度有機會看到有人更加認真地探討那些被認為不值一哂而幼稚的動機。我起初感到相當遺憾，因為洛伊德搶先一步提出我自己相當重視的研究成果，卻也對於他不期然地證實了我的論點而感到欣慰。不過我們的看法有個重要的差異。

洛伊德首先指出，關於摩西像的一般說法都是錯誤的，摩西並不是作勢要一躍而起（注2），他的右手也不是抓著鬍子，而是只有右手食指接觸到鬍子（注3）。更重要的是，他也認識到唯有回推到前一刻沒有被表現出來的動作，我們才能明白塑像人物被表現出來的姿勢，左邊的鬍子被撩撥到右側，那意味著右手和左側的鬍子在前一刻有更緊密而自然的間接關係。可是就這個緊密的關係，他提出另一種作為一個必然的推論的重構方式，他沒有讓手伸進鬍子裡，而是讓鬍子流瀉到現在右手的位置。他說我們必須想像一下，「就在突然的騷動之前，雕像的頭部有一陣子是轉向右側，右手則一直是扶著法版。」法版抵著手掌心的壓力使得蜷曲的鬍子下面的手指自然而然地張開，而頭部突然轉向另一邊，則使得一部分的鬍子被不動的右手攔住，而形成所謂「尾波」（wake）的花環造型。

基於一個考量，洛伊德排除了右手和左邊鬍子在前一刻的其他可能的接觸方式，而這個考量證明了他和我們的詮釋其實很相近。他說先知再怎麼氣急敗壞，都不可能伸出右手把他的鬍子拽到右邊來。在那種情況下，他的手指的姿勢會完全不一樣，而僅僅憑著右手扶住的法版也會因此滑落，除非他為了保護法版而「相當笨拙地抓住它們，而這個想像本身就是一種褻瀆」。

我們不難看出來這位作者忽略了什麼東西。他正確地把鬍子的突兀造型詮釋為上一個動作的痕跡，卻忘了把這個推論應用到法版的擺放位置同樣不自然的細節上。他只注意到鬍子的痕跡，卻忘了法版，而認定那就是它原本的位置。於是他和我們的觀點失之交臂，也就是探究某個不顯眼的細節，因而得出對於整個人物及其意圖的詮釋。然而萬一我們兩人都搞錯了呢？如果說我們煞有介事地探究的細節在藝術家眼裡其實無關緊要，他只是隨興或者是基於特定形式上的理由才賦予它們這樣的造型，裡頭沒有任何祕密可言？萬一我們的命運也和許多詮釋者一樣，他們以為看得清清楚楚的東西，其實是藝術家無心插柳創造的？對此我無從判斷。像米開朗基羅這樣對於表現形式不斷推敲琢磨的藝術家，我不知道把他說成如此草率隨興是否合理，尤其是摩西像如此醒目而特別的造型？最後，我們應該可以相當戒慎恐懼地指出，關於這個不確定性，藝術家和詮釋者都有責任。米開朗基羅在創作時往往會追求極致的表現，他在摩西像的創作上或許沒有很成功，如果他真的想要讓人依據摩西回歸平靜以後留下的痕跡去猜想摩西有多麼義憤填膺的話。

注1：（譯注）威廉・洛伊德（William Watkiss Lloyd, 1813-1893），英國作家，興趣廣泛，於藝術、建築、考古學、文學和莎士比亞多有涉獵。見：*The Moses of Michael Angelo : a Study of Art History and Legend*, 1863。

注2：「可是他不是正要站起來或準備要站起來；上身完全挺直，而不是向前傾，為了這樣的動作改變平衡……。」（S. 10）

注3：「這種描述大錯特錯；右手的確攬住一綹綹的鬍鬚，但是它沒有握住、抓住、圈住或是捉住鬍子。它甚至只是短暫地攬著，短暫地碰到它們，馬上就要放開它們。」

後記

我在一九一四年於《形象》（*Imago*）雜誌（匿名）發表關於米開朗基羅的摩西像，幾年後，承蒙瓊斯先生（E. Jones）致贈一期《柏林頓鑑賞家雜誌》（*Burlington Magazine for Connoisseurs*, Nr. CCXVII, Vol. XXXVIII, April 1921），讓我再度燃起詮釋這座雕像的興趣。該期雜誌刊登了米契爾（H. P. Mitchell）關於兩座十二世紀的銅像的短文，這兩座銅像現在收藏在牛津阿什莫林博物館（Ashmolean Museum），據說是出自當時傑出的藝術家凡爾登的尼古拉（Nicholas von Verdun, c. 1130-c. 1205）的手筆，圖爾奈（Tournay）、阿哈司（Arras）以及維也納的克洛斯特新堡（Klosterneuburg）都有收藏他的其他作品，至於他的代表作，則當屬科隆（Köln）的三王聖龕。

米契爾探討的兩座雕像當中，有一尊就是摩西像（約莫二十三公分高），根據他身旁的法版，我們可以確信主角就是摩西。這個摩西也是端坐著，裹著滿是衣褶的外袍，臉上露出激動或擔憂的表情，右手抓著長鬚，掌心和拇指緊緊握著鬚辮，就像是我在論文圖二裡暗示出的，在米開朗基羅的摩西像看到的姿勢的上一刻動作。

我們只要看一下附圖，應該就會辨認出這兩座相隔三百多年的作品的主要差別。洛特林的藝術家讓摩西的左手擱在法版上，用膝蓋撐住它們；我們只要把法版翻個面置於右手，就成了米開朗基羅的摩西像起初的情境。如果我的「抓住鬍子的姿勢」的觀點還說得過去的話，那麼這座一一八〇年的摩西像正是要摹擬勃然大怒的那個瞬間，而羅馬聖彼得鎖鏈教堂的雕像則是在表現激情乍歇的平靜。

我想這個提到的證據提高了我在一九一四年嘗試的詮釋的可能性。也許有哪個行家可以在凡爾登的尼古拉的摩西像以及義大利文藝復興時期大師的摩西像之間的年代裡找到更多摩西造型的證據，以填補年代上的空隙。

第三部

杜思妥也夫斯基與弒父

Dostojewski und die Vatertötung, 1928

就杜思妥也夫斯基複雜的人格而言，或許可以區分四個面向：作家、精神官能症患者、衛道人士以及罪人。我們該怎麼在這個波譎雲詭的複雜結構裡找到頭緒呢？

作家的這個面向是最毋庸置疑的：杜思妥也夫斯基的地位和莎士比亞差堪比擬。《卡拉馬助夫兄弟們》是史上最偉大的小說，宗教大法官的橋段也是世界文學裡難以超越的極致成就（注1）。可惜的是，在作家的問題面前，任何心理分析都要鎩羽而歸。

而杜思妥也夫斯基的衛道人士面向則是最引人非議的。如果有人推崇說他是有德行的人，因為唯有心志高潔的人才會產生椎心刺骨的罪惡感，他們其實忽略了一個考量。有德行的人只要在心裡察覺到誘惑，他就會抗拒它，而不會向它投降。一個不斷犯罪而又在悔罪當中豎立高不可攀的道德標準的人，我們會譴責說他只是在圖個心安而已。他沒有做到倫理當中最重要的事，也就是克己，因為合乎道德的生活是人性的一個實踐性需求。他讓人想起民族大遷徙的蠻族，到處燒殺擄掠，卻又不斷地懺悔，到頭來，懺悔直接變成了為虎作倀的工具。恐怖伊凡的行徑也大同小異；這種用道德作為補償的方法正是俄羅斯人的特色。而杜思妥也夫斯基和道德拉扯的結局也不是什麼太光彩的事。在激烈的對抗之後，也就是個人的驅力要求和人類共同體的主張之間的和解，他停泊在一個逆行性的臣服立場，臣服屬血肉的權威以及屬靈的權威，敬畏沙皇、基督教的神以及心胸褊狹的俄羅斯民族主義，一個只要販夫走卒就可以不假思索地主張的立場。這就是一個偉人的弱點。杜思妥也夫斯基錯過了成為一個人類的導師和救主的機會，而只是廁身於人群之間作為他們的獄卒；他對於人類文明的未來沒有什麼貢獻可言。這或許可以證明說，他註定要因為精神官能症而淪落至斯。當他的思想到了巔峰，他對人類的愛也越來越堅定，眼前或許就出現了另一條使徒的人生道路。

如果把杜思妥也夫斯基看作罪人或是罪犯，應該會讓人相當反感，我們並不需要以對於罪犯的市儈看法就可以證明這點。我們一下子就察覺到真正的動機；罪犯有兩個基本特徵，極端自私自利，以及強烈的破壞傾向；而欠缺愛，對於（人類的）對象欠缺情感上的理解，既是兩者的共同點，也是它們的表現的預設。我們在這裡馬上想到了杜思妥也夫斯基身上的一個對立面，他對於愛的強烈渴望以及巨大的愛的能力，它可見於濫好人（Übergüte）的表現，就算他有理由憎恨或是報復對方，他也會愛他們，幫助他們，好比說他和第一任妻子以及她的情人的關係。那麼別人一定會問，到底是什麼誘使我們把杜思妥也夫斯基看作罪犯。答案是：那是小說的題材選擇，他特別突顯殘忍、凶狠、自私的性格，據以影射他自己心裡也存在著類似傾向，以及他的一生裡的若干事實，例如他的嗜賭成性，或許也承認性侵一個未成年少女。（注2）我們只要明白，杜思妥也夫斯基心裡相當熾盛的毀滅驅力（Destruktionstrieb）足以使他變成罪犯，它在其一生中和他的人格（在內心而不是外在）處處作對，因而表現為受虐癖（Masochismus）以及罪惡感。然而，他的人格裡殘留了大量的施虐癖（sadistisch）特徵，顯露在他的應激性（Reizbarkeit）（注3）、折磨成癮（Quälsucht）、不寬容（Intoleranz），也會殃及他所愛的人，或者是表現在身為作者的他對待其讀者的方式上，於是，在若干小事上，他對別人有施虐癖，在比較重要的事情，他則是對於自己有施虐癖，其實就是受虐癖，也就是個極為軟心腸、仁慈、樂於助人的人。

我們從杜思妥也夫斯基的人格複雜結構裡找出了三個因素，其中一個是量的因素，另外兩個則是質的因素：他特別強烈的情感作用（Affektivität）；使他天生就有「虐戀者」（Sadomasochist）和犯罪者傾向的變態驅力天性（Triebsanlage），以及難以分析的藝術天賦。這樣的組合或許沒有精神官能症就不會存在；當然也有非精神官能症的完全受虐癖（Vollmasochist）。就算是依據驅力要求以及和它們對立的抑制作用（Hemmung）（再加上可以利用的昇華作用途徑）之間的力量比例，杜思妥也夫斯基還是會被歸類為所謂的「驅力型性格」（triebhafter Charakter）。由於精神官能症的共伴出現（如前所述，在這些條件下，它是不可避免的），會使得情況變得曖昧不清，但是正因為如此，它的存在卻也更加確定，自我可以支配的複雜人格也更加豐富。而精神官能症只是一個徵候，意味著自我沒辦法應付這樣的合成，在這樣的嘗試當中喪失了自我的一致性。

那麼我們要怎麼證明狹義的精神官能症的存在？杜思妥也夫斯基說他自己有癲癇症，別人也這麼認為，因為他有幾次重度癲癇發作，再加上意識喪失、肌肉抽搐以及後期的情緒失調（Verstimmung）。現在，所謂的癲癇很可能只是他的精神官能症的一個症狀，因而應該歸類為歇斯底里癲癇，也就是重度的歇斯底里。基於兩個理由，我們沒辦法完全確定這點，其一是因為杜思妥也夫斯基所謂的癲癇的病歷資料既不完整也不可信，其二是因為和癲癇發作有關的病理看法並沒有定論。

我們先來談談第二點。我們在這裡沒有必要重述癲癇的整個病理，因為它對於問題不會有什麼決定性的釐清，可是我們可以說：自古以來，「神聖的病」（morbus sacer）（注4）一直是表面上的一個臨床疾病，一種讓人毛骨悚然的疾病，它的抽搐症狀既不可預料而又看似無緣無故，性格變得煩躁不安而且有攻擊性，所有思考活動也會漸漸下降。可是這個形象到頭來都解體成不確定的東西。症狀發作初期來勢洶洶，也會咬舌頭和尿失禁，往往會導致有生命危險的癲癇重積狀態（status epilepticus）（注5），而有重度自殘的風險，卻也會減輕為失神性的（Absenz）發作，或是短暫的眩暈狀態，或是病人有一陣子會做出違反性格的事，宛如在無意識的支配之下。雖然癲癇的發作也會在不明所以的情況下，完全是身體的因素引起的，可是它的第一次出現或許都是心理的因素（驚嚇），或者是對於心理刺激的反應。儘管在大多數的個案裡都會有思考活動降低的情況，可是我們至少知道在一個病例裡，疾病並沒有損害思考功能（亥姆霍茲〔Helmholtz〕的個案）（注6）（類似杜思妥也夫斯基的其他病例雖然也有相同的說法，但是我們沒辦法確定也必須存疑），罹患癲癇的人，可能會有反應遲鈍、發展障礙的情況，正如在最明顯的痴呆症（Idiotie）以及重度的腦部缺損（Hirndefekte）裡往往會出現的疾病，雖然不是症狀的必然成分。不過，癲癇性發作的種種變形也會出現在一個心理發展成熟卻難以控制其過度的情感作用的人身上。在這樣的情況下，難怪我們沒辦法明確地說「癲癇」是單一的臨床疾病。由於在若干症狀裡表現出來的相似性，使我們不得不採取功能性的看法，彷彿在器官方面預示了一個異常的驅力釋放（Triebabfuhr）的機制，它可以在截然不同的情況下被派上用場，包括由於組織溶解或是中毒性的疾病引起的腦部活動障礙，以及心理經濟（seelische Ökonomie）的不當支配或是潛伏著危機的心理能量活動。我們在這個二分法背後察覺到作為其基礎的驅力釋放機制的同一性。而基本上由於毒品導致的性行為也和它相去不遠；最早的醫師把「交媾」（koitus）說成輕度的癲癇（注7），他們也認為性行為是癲癇性的釋放刺激比較溫和而調整過的方式。

大家公認的「癲癇反應」無疑也是精神官能症可以使用的方法，其本質在於以身體的方式卸除患者在心理上應付不來的刺激的量。所以說，癲癇的發作也是歇斯底里的一種症狀，也被它修正和調整過，就像被正常的性愛宣洩調整過一樣。所以我們可以合理地區分器官性的癲癇以及「情感上」的癲癇。其現實性意義在於：罹患前者的人是一種腦部疾病的病患，而罹患後者的則是精神官能症患者。在前者，心理會遭受外來的干擾，而對於後者而言，所謂的干擾則是心理自身的一種表達。

杜思妥也夫斯基的癲癇極有可能是屬於第二種情況。我們沒辦法確切地證明它，因為我們為此必須可以把癲癇性發作的第一次出現以及其後的不斷反覆和他的心理背景串接在一起，可是我們對它卻所知甚少。關於癲癇性發作的敘事本身曖昧不清，至於癲癇性發作和他的人生經驗之間究竟有什麼關係，我們得到的訊息不是殘缺不全就是自相矛盾。以下是最有可能的假設：杜思妥也夫斯基的癲癇發作要追溯到他的童年，起初只是輕症，直到十八歲那次駭人聽聞的經歷，也就是他父親的遇害（注8），才出現了癲癇的症狀。（注9）如果有人證實說，在他流放西伯利亞期間，病症就中止了，應該也不會讓人意外，可是有其他說法和它牴觸。（注10）

有不只一位傳記作者注意到《卡拉馬助夫兄弟們》裡的弒父情節和杜思妥也夫斯基父親的命運之間的關係，他們也因而都提到「現代心理學的一個新學派」。心理分析（他們是這麼指涉的）的觀點會傾向於把那個事件視為最嚴重的創傷，而認為杜思妥也夫斯基的反應正是他的精神官能症的轉捩點。可是如果我要以心理分析的角度去證明這個說法，那麼那些不熟悉心理分析的語言和理論的讀者，我恐怕只好讓他們一頭霧水了。

我們倒是有個確定的起點。我們知道杜思妥也夫斯基年輕時最早的發作的意義是什麼，它比「癲癇」的出現要早得多。這些發作有死亡的意義，它們以對於死亡的恐懼為前導，處於一種嗜睡狀態。起初會有一陣沒由來的情緒低落突然襲向他，因為他還是個小男孩；後來他對他的朋友索洛維夫（Solowjoff）說，那種感覺就像是馬上就要死掉一樣；而他沒多久真的差一點喪命，他的弟弟安德烈（Andree）記載說，在他小時候，費奧多習慣會在安德烈睡前遞給他一張小字條，說他害怕晚上會陷入一種看似死亡的睡眠狀態，要家人等到五天以後才可以真的埋葬他（Fülöp-Miller und Eckstein, 1925, LV）。

我們知道這種「假死現象」（Todesanfall）的意義和意圖是什麼。它意味著對於一個死去的人的仿同作用（Identifizierung），一個真的死去的人，或者是儘管還活著，而案主卻希望他死掉算了。第二種情況更加意義重大。疾病的發作因而有一種懲罰的價值。一個人希望另一個人死掉，而現在這個成了另一個人，而且自己死了。至此，心理分析理論可以主張說，對於男孩而言，這個另一個人一般都是父親，而所謂歇斯底里的發作則是一種自我懲罰，因為他在心裡希望他所憎恨的父親死掉。

依據一個家喻戶曉的觀點，弒父是人類和個人最重大而原始的罪行。（注11）它無論如何都是罪惡感的主要源頭，雖然我們不知道是不是唯一的；現在的研究一直沒辦法確切指出罪行和贖罪的渴望的心理來源是什麼。可是來源不必只有一個。心理境況錯綜複雜，它需要一個闡釋。如前所述，這個男孩和父親的關係是個情感矛盾的（ambivalent）（注12）關係。除了把父親當作對手而想要除掉他的恨意以外，一般而言也會對他有若干程度的愛意。這兩種態度會匯流成對於父親的仿同作用，也就是想要取代父親的角色，既是因為他愛慕父親，想要和他一樣，也是因為他想要除掉他。這整個演變現在遇到一個巨大的阻礙。到了某個時刻，男孩終究會明白，如果他把父親當作對手而試圖除掉他，就會遭到父親閹割他的懲罰。因為害怕被閹割，也就是想要留住他的男子氣概，於是他放棄了想要佔有母親以及除掉父親的願望。只要這個願望一直保存在無意識裡，它就會構成了罪惡感的基礎。我們相信這裡所描述的都是正常的歷程，也就是所謂「伊底帕斯情結」（Ödipuskomplex）的正常命運；不過還有很重要的一點，我們必須補充說明一下。

如果在一個孩子心裡形成了更強烈的所謂「雙性戀」（Bisexualität）的體質因子，就會產生另一個複雜結構。接著，在男性器官被閹割的威脅下，他會更加傾向於偏離到女性的方向，反而想要取代母親的地位，接管她在父親那裡作為戀愛對象的角色。可是對於閹割的恐懼也會使這個解決方法變得不可行。男孩心裡明白，如果他要父親像愛女人一樣愛他，就必須接受閹割這條路。於是這兩個衝動，也就是憎恨父親和愛慕父親，都會遭到潛抑（Verdrängung），這裡有個心理學上的差別：對於父親的憎恨是因為對於外在危險（閹割）的恐懼才被放棄的；而對於父親的愛慕則被視為一種內在的驅力危險，儘管它基本上還是可以回溯到外在的危險。

由於對於父親的畏懼，使人難以接受憎恨父親這件事；閹割是很可怕的事，不管是作為一種懲罰或是愛的代價。有兩個因素會潛抑對於父親的憎恨，其中之一是對於作為懲罰的閹割的恐懼，我們說那是正常的因素，直到加上了第二個因素，也就是對於女性化舉止的恐懼，才會變本加厲而有致病之虞。於是，一種強烈的雙性戀傾向就成了精神官能症的條件或助因之一。我們當然可以設想杜思妥也夫斯基有這樣的傾向，而且它表現為一種可能存在的形式（潛伏的同性戀），表現在對於他的人生舉足輕重的男性友誼，對於情敵的奇怪溫柔態度，以及對於只有潛抑的同性戀才能解釋的境遇的深刻理解，他的小說裡關於這點的例子不勝枚舉。

如果說，關於對父親愛恨交織的態度以及在閹割的威脅下的轉變的論述，讓不熟悉心理分析的讀者覺得倒盡胃口而且難以置信，那麼我很抱歉我別無他法。我知道大家應該都會很排斥這種閹割情結。但是我也只能申明，心理分析的經驗可以證據確鑿地證明這些情況，讓我們在其中認識到所有精神官能症的關鍵。這個關鍵應該也適用於我們的作家所謂的癲癇。可是我們的意識對於支配著我們無意識的心理世界的東西太陌生了。

然而以上所說的，並不是在伊底帕斯情結裡潛抑了對於父親的憎恨的所有結果。我們必須再補充一點：到頭來，對於父親的仿同還是會在自我裡掙到一個永久的位置。自我會接受它，但是它會作為一個特別機關而和自我的其他內容對立。接著我們會把它叫作「超我」（Über-Ich），把最重要的功能賦予它，也就是父母親的影響的繼承者。

如果父親個性鐵石心腸、暴戾恣睢、殘忍無情，那麼超我也會從他那裡接收這些屬性，而在它和自我的關係裡，原本應該被潛抑的被動性也會再度形成。超我變成了施虐癖，自我則變成了受虐癖，也就是說，基本上是女性化的、被動的。在自我裡頭產生一種對於懲罰的巨大需求，部分是等著接受命運，部分是在超我（罪惡意識）（Schuldbewußtsein）的虐待裡找到滿足。每一次的懲罰基本上都是閹割的行為，它本身就是自古以來對於父親的被動態度的一種實現。就連命運到頭來也只是後來的父親投射作用（Vaterprojektion）。

形成良知的正常歷程應該也和這裡所說的異常歷程大同小異。我們還沒有辦法為這兩者劃分畛域。有人會說，在另一端，有一大部分要歸屬於被潛抑的女性特質的被動成分。此外，讓他害怕的父親實際上是否真的那麼殘暴，這個偶然因素也相當重要。對於杜思妥也夫斯基而言，情況的確如此，而他超乎尋常的罪惡感以及他的受虐癖的人生，我們也會把這個事實歸因於一種特別強烈的女性化成分。於是，杜思妥也夫斯基的公式就是：一個雙性戀傾向特別強烈的的人，他會特別抗拒對於一個特別鐵石心腸的父親的依賴。我們把這個雙性戀的性格加到那些已知的成分裡。那種「假死現象」的早期症狀可以被理解為一種自我的父親仿同，它被超我視為一種懲罰。以前你為了想要成為自己的父親，而意圖殺死父親。現在你就是父親了，不過是死去的父親；這是歇斯底里症的一般機制。而且：現在是父親殺了你。對於自我而言，假死的症狀是男性願望的幻想性滿足，同時也是受虐癖的滿足；對於超我而言，則是懲罰的滿足，也就是施虐癖的滿足。這兩者，自我和超我，接手扮演父親的角色。整體而言，個人和父親客體之間的關係在保存其內容的時候轉變成自我和超我的關係，是在第二個舞台上的一個新的排演。源自伊底帕斯情結的嬰兒期反應，如果現實世界不再挹注更多的養分，它或許就會熄滅。可是父親的性格依然故我，不，他會年復一年地變本加厲，杜思妥也夫斯基對於父親的憎恨，以及想要這個邪惡的父親死掉的願望，也會一直存在著。而如果現實世界實現了這種潛抑了的願望，那就真的很危險了。幻想變成了現實，所有防範措施也跟著會加強。杜思妥也夫斯基一次次的發作也漸漸出現了癲癇的特徵。它們固然依舊意味著懲罰式的父親仿同，卻越來越可怕，就像父親的可怕死亡一樣。它們究竟吸收了什麼樣的內容，尤其是和性愛有關的，我們就無從猜測了。

有一點倒是值得注意的：在癲癇性發作的前兆裡，人會有一陣子感到極度的欣快，它很可能記錄下在聽到父親死亡的消息時的勝利和解放的感覺，而接踵而至的則是更加殘忍的懲罰。在聯手打死父親的原始部落的兄弟們那裡，我們猜想他們也有這樣一連串的勝利和悲傷、歡欣和哀慟，也在圖騰餐宴的慶典裡看到它的重演。如果說杜思妥也夫斯基在西伯利亞真的不再有癲癇性發作的話，那麼也只是證實了他的癲癇性發作是對他的懲罰。而當他遭受其他的懲罰，就再也不需要它了。只不過我們沒辦法證明這點。對於杜思妥也夫斯基的心理經濟而言，這個懲罰有其必要性，這點反倒是說明了他在歷盡苦難和羞辱的那些年裡不斷遭遇到的一個事實。杜思妥也夫斯基因為政治犯而被判流放是不公平的事，他應該很清楚這點，可是他接受「老爸」（Väterchen）沙皇（注13）的不當懲罰，以補償他對於真實的父親犯了罪而應受的懲罰。他沒有自我懲罰，而是讓父親的代理人懲罰他。我們在這裡窺見了如何以心理學的角度為那些由社會執行的懲罰辯護。的確，有一大堆罪犯要求被懲罰。他們的超我要求懲罰，免得它自己動手。

我們只要認識到歇斯底里症狀的複雜的意義轉變，就會明白我們沒有辦法略過這個起點而去探究杜思妥也夫斯基的癲癇性發作的意義。（注14）我們只要假設，在後來的所有增生（Überlagerung）背後，其原本的意義都沒有改變，這樣就夠了。我們可以說，杜思妥也夫斯基一輩子都沒有辦法擺脫因為意圖殺死他的父親而產生的良心負擔。它也決定了他在其他兩個以父子關係為模型的領域裡的態度，也就是政府的權威和對神的信仰。就前者而言，他完全臣服於沙皇老爸，而沙皇有一次也在現實世界裡和他一起演了一齣草菅人命的喜劇（注15），而這樣的喜劇更是屢屢在他面前上演癲癇性發作的橋段。在這裡，懺悔佔了上風。在宗教的領域裡，他擁有更多的自由，依據看似可信的記載，他一直到生命的最後一刻都在信仰和無神論之間搖擺不定。聰明絕頂的他沒辦法對於信仰導致的任何思想難題視若無睹。他潛心鑽研世界歷史的演變，意欲在基督的理想裡找到出路和赦罪，更認為他的苦難是在扮演基督的角色。如果說到頭來他還是無法獲得自由，而變成了反動派，那是因為所有人都要背負的身為人子的罪（它也是宗教情感的基礎）已經超出他個人所能承擔的，他再怎麼聰明都沒辦法克服它。走筆至此，我們或許會招致譏議，說我們捨棄了心理分析的公平性，暗示人只能就特定世界觀的偏坦立場去評斷杜思妥也夫斯基。保守派的或許會支持宗教大法官，而對於杜思妥也夫斯基有不同的評斷。他們的譴責是有道理的，我們只能打圓場說，杜思妥也夫斯基的精神官能症導致的思考抑制作用（Denkhemmung）似乎限定了他的決定。

文學史上的三大鉅著，索福克里斯（Sophokles）的《伊底帕斯王》，莎士比亞的《哈姆雷特》以及杜思妥也夫斯基的《卡拉馬助夫兄弟們》，都在探討同樣的弒父主題，我們很難說那只是個巧合。這三部作品也都揭露了行為的動機，也就是為了一個女人而變成情敵。

這部衍生自古希臘傳說的戲劇表現尤其露骨。在劇中，主角自己就是犯罪者。然而若是不加以淡化或掩飾，這部詩作就不可能誕生。直言不諱地承認弒父意圖，就像我們在心理分析裡獲致的結果，如果沒有分析前的準備工作，那會讓人相當難堪。在這部希臘戲劇的開頭，作者慮周藻密地鋪陳這個不得不然的隱晦敘事而又暗示了犯行，把主角的動機說成不知名的命運作弄而投射到現實世界。主角無意間犯了罪（注16），看似並沒有受到任何女性的影響，可是我們必須把這個關聯性考慮進來，因為他是在對於象徵著其父親的怪獸重複這個行為之後才贏得了他的母親，也就是王后。（注17）在他的罪行被揭露也被意識到之後，他並沒有試圖把命運的捉弄當作開脫的藉口，而是接受他的罪，把它當作蓄意的犯行而接受懲罰，在我們的考量下當然看起來並不公平，可是就心理學的角度而言卻是完全正確的事。

至於另一部英語戲劇，它的表現就比較間接一點，犯罪的不是主角，而是另有其人，而且也不是弒父。為了女人而變成情敵的下流動機也就不必遮遮掩掩。其次，我們是在反射的燈光下，認識到別人的犯行對他造成的影響，才看到主角的伊底帕斯情結的。他原本應該要報仇的，但是說也奇怪，他又覺得下不了手。我們知道是他的罪惡感使他裹足不前；罪惡感以一種和精神官能症病程若合符節的方式，讓他感覺到他沒有能力執行這個任務。有若干徵兆顯示主角覺得這個罪是超越個人的。他既鄙視別人，也瞧不起自己。「要是照每一個人應得的名分對待他，那麼誰逃得了一頓鞭子？」（注18）

俄羅斯小說在這個方面更上層樓。裡頭同樣是別人犯了殺人罪。然而這個人和主角特米脫里（Dmitri Fyodorovich Karamazov）（注19）一樣，都是被害人的兒子（注

20），他公開承認在性愛上爭風吃醋的動機，他是主角的弟弟，說也奇怪，杜思妥也夫斯基讓他罹患了和作者自己一樣的疾病，也就是他自己所說的癲癇症，彷彿想要承認說，癲癇症患者，精神官能症患者，在他心裡都是個弒父者。接著，在法庭上的辯方陳詞裡，有一段對於心理學的著名諷刺，說它是一把兩頭刀（注21）。這是極為巧妙的偽裝，因為我們只要把它顛倒過來，就看得出來杜思妥也夫斯基的觀點的深層意義。應該被諷刺的不是心理學，而是法庭的訴訟程序。不管真正的凶手是誰，對於心理學而言，重點在於誰感覺到想要致父親於死地，當父親遇害，誰會覺得很開心，因此，除了阿萊莎（Alexei Fyodorovich Karamazov, Alyosha）這個對照的角色以外，所有兄弟們都一樣有罪，放縱的享樂主義者、懷疑論的犬儒主義者（注22），以及患有癲癇症的凶手。在《卡拉馬助夫兄弟們》裡，有個場景對於杜思妥也夫斯基而言特別意義重大。曹西瑪長老在和特米脫里談話時察覺到他心裡有致父親於死的意圖，於是他走到特米脫里面前跪下。（注23）這當然不會是表示讚許；那應該是意味著聖人在心裡極力抗拒對於凶手心生鄙視或厭惡的誘惑，因而在他面前低聲下氣。杜思妥也夫斯基對於罪人的同情其實太過度了，它甚至超過了對於不幸的人們的憐憫，它讓我們想起「神聖的病」，古代就是這麼看待癲癇症患者以及精神病患的。在他眼裡，罪人和救主幾乎沒什麼兩樣，他們把原本別人要承擔的罪都扛在肩上。他殺了人以後，大家就再也不必殺人了，可是我們要感謝他，因為要不是他，我們都得自盡了。那不是出於善意的憐憫，而基於相同的殺人衝動（Impulse）的仿同作用，其實是有一點轉移（注24）的自戀。我們並沒有要否認這個善意的價值。或許那根本就是設身處地的同情他人的一種機制，我們在這位充滿了罪惡意識的小說家的極端境況裡特別容易看到它。這個仿同作用的同情心無疑決定了題材的選擇。他首先處理一般的罪人——出於自私的動機——；接著是政治和宗教上的罪人，直到晚年，他才回到最初的罪人，也就是弒父者，透過小說裡的角色來懺悔。

杜思妥也夫斯基的遺稿及其妻子的日記的出版，揭露了他人生裡的一段插曲，也就是他客居德國、沉迷於賭博的那段日子（Fülöp-Miller und Eckstein, 1925）。不管從哪個方面加以評斷，我們都沒有理由不視之為一種病態的激情。對於這個怪誕而可恥的行為，其實不乏種種合理化解釋。就像精神官能症一樣，罪惡感化身為看得見摸得著的債務，杜思妥也夫斯基可以藉口說，如果賭博贏了錢，他就可以回到俄羅斯，而不必擔心債主把他關起來。然而這只是個託詞，杜思妥也夫斯基心知肚明，也坦承不諱。他知道為了賭博而賭博（le jeu pour le jeu）才是重點（注25）。他基於驅力的荒唐行為的所有細節都證明了這點以及其他方面。他要一直到輸光了才會停手。賭博對他而言是一種自我懲罰。他有無數次對他的年輕妻子答覆或發誓說他再也不賭博了，或是說在那一天不再賭博了，可是她說他幾乎每次都食言。每當他因為賭輸了使他自己以及妻子走投無路，他就會從中得到第二種病態滿足。他可以在她面前責罵自己、羞辱自己，要求她瞧不起他，懊悔自己嫁給了這麼一個老罪人；而當他的良心被免責了，第二天他又會故態復萌。年輕的妻子已經習慣了這個循環，因為她注意到他唯有輸到一無所有，把他們僅剩的財物都典當了，他唯一真正的救贖希望，也就是他的文學創作，才會更上層樓。當然，她並不明白這個關聯性。當他的罪惡感因為自我懲罰而得到滿足時，對於他的作品的抑制作用就會減輕，他才得以朝著成功的道路前進幾步（注26）。

在他埋藏多年的童年生活裡，有哪些東西重現在他對於賭博的沉迷當中，我們在當代一個作家的小說裡不難窺見一斑。茨威格（Stefan Zweig），他剛好也研究過杜思妥也夫斯基（注27），在他的中篇小說集《情感的迷惘》（*Verwirrung der Gefühle*, 1927）裡收錄了三篇小說，其中有一篇叫作《一個女人一生中的二十四小時》

（*Vierundzwanzig Stunden aus dem Leben einer Frau*）（注28），這篇雋永的中篇小說故事表面上只是要證明女人是多麼不負責任的生物，她會因為人生的意外遭遇而做出連她自己都不相信的蕩檢踰閑的事。可是這部小說要講的不只是這點。如果我們對它做個心理分析的詮釋，就會明白它要表現的（而不是要辯護）是完全不同的東西，那是所有人或至少是男人共同的東西。這個解析講得太露骨了，而使人難以拒絕它。那是藝術創作的典型天性，我認識一個作家，他在回答我的問題時信誓旦旦地對我說，我對他做的解析完全超乎他的認知和意圖之外，儘管穿插在敘事裡的情節似乎是要暗示一個祕密的跡象。在茨威格的中篇小說裡，一個嫻靜優雅的老婦人對作者講述她二十多年前的一次經歷。那時候她剛剛守寡，有兩個兒子，他們都已經成年而不再需要她了。四十二歲的她對人生已經沒有什麼期待，在一次漫無目的的旅行裡來到摩納哥的一家賭場，在那個地方種種光怪陸離的印象當中，她看到了一雙手而為之心旌搖曳，它們似乎在傾訴著一個倒楣賭徒的心情及其震懾人心的坦率和激情。這雙手是屬於一個俊秀的年輕男子的——小說家有意無意地讓他的年紀和這位女人的長子一樣大——，他把錢都輸光了以後，垂頭喪氣地離開了賭場，她預感到他要到公園裡結束他絕望的生命。一股不知名的同情心襲上心頭，於是她一路跟隨著他，想盡辦法要拯救他。他以為這位女士也是許多阻街女郎之一，想要甩掉她，可是她沒有離開，反而假裝若無其事地堅持要為他找個旅館住下來，終於和他發生了關係。當這個即興的一夜情過後，在繁花吐豔的綺麗風光裡，這個看似恢復平靜的年輕人對她保證說他再也不賭博了，她塞了一點錢給他作為回家的旅費，相約於列車發車時刻在車站見面。可是她心裡已經對他種下深情，願意為了擁有他而犧牲一切，決意要跟他一起走，而不是去道別。臨時狀況百出，使她錯過了火車班次；她懷著對於離開的人的思念回到了賭場，卻駭然再次看到了那雙手，那雙點燃了她的同情心的手，這個忘恩負義的人又回到賭場。她要他想想許下的誓言，可是被亢奮的狂熱附身的他對她破口大罵，說她是個掃把星，要她滾蛋，扔了幾張鈔票給她，那是她為他贖回自由的錢。羞愧不已的她匆匆逃離了賭場，後來才得知到頭來自己還是沒辦法拯救那個年輕人免於自殺的命運。

這個敘事技巧高明、動機無懈可擊的故事，當然是匠心獨運，也讓讀者感動不已。可是心理分析告訴我們，這個構想是奠基於青春期的一個願望幻想，有些人會有意識地回憶起它。這個幻想是說，男孩想要母親親自引導他初嘗禁果，他才可以免於因為手淫造成的可怕傷害。許多探討救贖的文學作品也都有相同的源頭。手淫的「惡習」被賭癮取代，作者對於雙手激情的動作的著墨恰恰洩漏了這個衍生關係。的確，對於賭博的狂熱和從前手淫的強迫行為是等價的事物；在育兒室裡也是用「Spielen」（注29）描述用手把玩性器官的行為。誘惑的無法抵抗，信誓旦旦決心不再犯卻無法遵守，讓人心醉神馳的快感，以及告誡主體說他是在自我毀滅（自殺）的心中有愧，所有這些元素在替代的過程中都不會變。的確，茨威格的故事是由母親說出來的，而不是兒子。兒子應該會得意洋洋地思忖著：如果母親當初知道手淫會對我造成多大的傷害，她一定會讓我在她身體上宣洩我的所有愛意，以免我遭受那些傷害。在茨威格的小說裡，那個年輕人把母親和妓女畫上等號，其實也是和相同的幻想有關。它把高不可攀的母親變成唾手可得的女人；伴隨著這個幻想的慚愧，使得故事缺少了一個圓滿的結局。此外還有個耐人尋味的地方，那就是作者為這篇小說築起外牆，以隱藏它在心理分析上的意義。因為一個女人的愛欲是否會被突然而神祕的衝動左右，那是個有爭議的問題。相反的，心理分析告訴我們，這個從此不再渴望愛情的女人有充足的動機做出讓人驚訝的一件事。她忠於對死去的丈夫的思念，而拒絕所有和他相似的追求者，可是——兒子的幻想在這裡是對的——身為母親的她，難免還是無意識地把她的愛轉移到兒子身上，而命運就從這個防守的漏洞緊緊抓住她。

如果說賭癮、戒賭的失敗以及它所導致的自我懲罰，都是手淫強迫症的重複，那麼如果我們看到它在杜思妥也夫斯基的一生中佔領了多大的空間，應該也不會太驚訝。可是在我們的重度精神官能症病例裡，兒童期和青春期的自慰滿足都扮演了某個角色，而壓抑它的企圖以及對於父親的畏懼之間的關係也是眾所周知的事，在這裡就毋庸贅述。

注1：（譯注）見：《卡拉馬助夫兄弟們》第五卷第五章。

注2：關於這點，見費洛米勒（Fülöp-Miller）和艾克斯坦（Eckstein）的討論（1926）；另見：茨威格（Stefan Zweig (1920)）：「他對於中產階級的道德不屑一顧，沒有人說得上來他一生中做了多少踰越法律界限的事，他的主角的犯罪本能有多少在他心裡變成了事實。」關於杜思妥也夫斯基的角色和他自己的人生經歷之間的關係，見費洛米勒和艾克斯坦在史特拉柯夫著作（N. Strakkov, 1921）的導論裡的闡述。

注3：（譯注）又譯為易怒、激躁。

注4：（譯注）癲癇在古代被認為是魔鬼附身或是出於神旨的病。

注5：（譯注）「癲癇重積狀態之診斷包括持續癲癇發作超過五分鐘；或是連續兩次的癲癇發作，且在兩次發作間病患沒有恢復其發作前的意識狀態，期間前後超過五分鐘。」（http://www.fma.org.tw/2014/E-2-4.html）

注6：（譯注）佛洛伊德的早期學說受亥姆霍茲學派（Helmholtzschule）影響很大。

注7：（譯注）古代羅馬醫師蓋倫（Galen, Aelius Galenus, 129-216）有一句名言說：「性交是短暫的癲癇。」（Coitus brevis epilepsia est）直到十八世紀都有醫師認為過度的自慰會造成癲癇。據說重度癲癇患者會以閹割作為治療方法。

注8：（譯注）一八三九年，杜思妥也夫斯基的父親因為虐待農奴而遇害。

注9：另見：Fülöp-Miller (1924)。其中有個饒富興味的說法，在作家的童年，發生了一件「可怕的、難忘的、痛苦的事」，他的第一次症狀出現可以追溯到那次的事件。見：蘇沃林（Suworin）在《新時代》（*Nowoje Wremja*）裡的文章，引自：Fülöp-Miller und Eckstein（1925），XLV。另見：Orest Miller (1921, S. 140)：「關於費奧多・米開洛維奇（Fjodor Michailowitsch）的病有個關於他的少年時代的特別說法，認為他的病和杜思妥也夫斯基父母親的家庭生活的一個悲劇事件有關。可是雖然是費奧多・米開洛維奇身邊的一個人親口告訴我的，我還是沒辦法判定真偽，因為我沒辦法證

實這個言之鑿鑿的傳聞。」關於他的傳記寫作和精神官能症的研究或許會對於這樣的謹慎不屑一顧吧。

注10：大部分的說法，包括杜思妥也夫斯基自己的敘事，都主張說在西伯利亞流放期間，這個病才表現出明確的癲癇性格。可惜我們有理由不去採信精神官能症患者們的自傳性敘述。經驗告訴我們，他們的記憶會造假，以截斷他們不想知道的因果關聯性。可是我們似乎可以確定的是，在西伯利亞的監禁期間，杜思妥也夫斯基的病情有顯著的不同。另見：Fülöp-Miller (1924, S. 1186)。

注11：見拙著：*Totem und Tabu*, 1912, S. 13。

注12：（譯注）或譯作「矛盾雙重性」、「愛恨交織」。見：《圖騰與禁忌》。

注13：（譯注）在俄羅斯，君王和臣民被視為一種家族關係，百姓會把沙皇叫作「老爸」。

注14：見：《圖騰與禁忌》。關於杜思妥也夫斯基的癲癇性發作的意義和內容，他自己有個最好的說法，他對於他的朋友史特拉科夫說，在一次癲癇性發作之後，他的應激性和憂鬱是起因於他覺得自己是個罪犯，而有一種感覺揮之不去，他背負了一種不知名的罪，感到罪大惡極，把他壓得喘不過氣來。（Fülöp-Miller, 1924, S. 1188）。心理分析會在這樣的控訴裡看到一點對於「心理現實」的知識，試圖讓人意識到這個不知名的罪。

注15：（譯注）杜思妥也夫斯基加入以佩脫拉契夫斯基（Petrashevsky）為首的社會主義團體，一八四九年四月，該團體成員悉數被捕入獄，包括杜思妥也夫斯基在內的十五名成員被判死刑。可是在刑前得到沙皇的減刑，改判流放西伯利亞四年及服兵役四年。

注16：（譯注）伊底帕斯在流浪間於一處通往德爾斐神廟的三岔路口和一輛馬車上的人起衝突，一怒之下殺了所有人，其中包括他的生父萊俄斯（Laios）。

注17：（譯注）當時底比斯人被人面獅身怪獸斯芬克斯（Sphinx）騷擾，伊底帕斯解開了斯芬克斯的謎題而解救了底比斯人，於是成了底比斯城的國王，娶了生母王后尤卡斯妲（Iokasta）為妻。見：《伊底帕斯三部曲》，呂健忠譯，書林，2009。

注18：（譯注）引文中譯見：《哈姆雷特》，頁112，朱生豪譯，世界書局，1996。

注19：（譯注）老卡拉馬助夫的長子，他個性鹵莽衝動，從軍中退役之後縱情於聲色犬馬。

注20：（譯注）指司米爾加可夫（Pavel Fyodorovich Smerdyakov），性格扭曲混亂，患有癲癇症。相傳他是老卡拉馬助夫的私生子，在父親家當廚師。他告訴伊凡說是他殺害了父親，後來留下了「為了不歸罪於任何人，我情願了斷自己生命」的遺言，自縊身死。

注21：（譯注）「心理學雖然是深刻的東西，但到底像一根兩頭的刀。」見：《卡拉馬助夫兄弟們》，頁821，耿濟之譯，志文，1983。

注22：（譯注）指次子伊凡（Ivan Fyodorovich Karamazov），他恃才傲物，是個無神論者。

注23：（譯注）「『這樣的人活著做什麼！』特米脫里．費道洛維奇用深沉的聲音吼叫，惱怒得近乎瘋狂……『你們對我說，還能不能允許他玷污大地？』」見：《卡拉馬助夫兄弟們》，頁92-93。

注24：（譯注）或譯為置換、替代。

注25：「重點是賭博本身，」他在一封信裡說：「我對您發誓，那和貪財無關，雖然我的確很缺錢。」

注26：他總是流連於賭桌，一直到他輸掉一切，一直到他完全被毀掉。唯有如此，判決才會完全執行，魔鬼也才終於離開他的靈魂，讓創作的天才有一點喘息的空間。（Fülöp-Miller, 1925, S. LXXXVI）

注27：*Drei Meister: Balzac - Dickens – Dostojewski*, Leipzig 1920。

注28：（譯注）見《一位陌生女子的來信：茨威格中篇小說選》，姬健梅譯，商周出版，2016。

注29：（譯注）「Spielen」有賭博和遊戲的意思。

第四部

《歌德自傳》裡的一段童年回憶

Eine Kindheitserinnerung aus »Dichtung und Wahrheit«, 1917

「當我們想回憶年輕時期，而且又是很早很早的時候所遭逢過的事情時，往往會把從別人聽到的事和自己實際上經驗過的事混在一塊。」（注1）這是**歌德自六十歲開始寫作的自傳第一頁**裡的一段話。上一段則只是略述其出生：「一七四九年八月二十八日，正午的鐘聲正在響的當兒。」星座的排列對他而言是個大吉之日，或許也是他得享天年的原因，因為他來到這個世界時是個「死產兒」，人們想盡辦法才讓他得見天日。（注2）在這段敘事之後，接下來是簡單描繪屋子和孩子們——他和妹妹——最喜歡逗留的地方。（注3）可是接著**歌德**其實只提到**一件事**，大概可以回溯到「童年時光」（四歲左右？），而且似乎是他自己保存的回憶（Erinnerung）。

他是這麼說的：「住在對面的已故前任市長的遺孤芳．奧森舒坦（von Ochsenstein）三兄弟，非常喜歡我，常與我做種種遊戲嬉耍玩樂。

「他們平常一本正經而且看似寂寞，卻常唆使我幹些小惡作劇勾當，使我的家人們經常以此為談資。這兒，我僅舉出這些惡作劇中的一樁。那是剛好有陶器市集的日子。人們不僅已買齊了所需的廚房用具，也為我們小孩購備了些小件玩具。是個天氣晴朗美妙的下午，家裡闃無聲響，我在格子間（前述面對大街的房間）用我的器皿壺罐之類玩家家酒。我覺得玩膩了，便把一隻食具扔向街道，它痛快地碰碎，使我覺得很興奮。奧森舒坦兄弟們看到我高興得鼓掌叫好，便大聲叫嚷說：『再來一個！』我立即把一隻水壺扔過去。『再來呀！』『再來一個！』在他們不停的叫嚷聲中，我把一隻隻小碟、小鍋、小瓶扔向街道。東西扔光了，他們還是叫嚷不已。能使他們高興，這雖然使我感到欣悅，可是手邊已不再有東西了，而他們依然在那兒大嚷大叫。於是我霍然轉身衝進廚房裡，搬來了陶製大盤子。這東西碰碎了必定是更痛快的。我就這樣來往奔馳了好幾趟，把食具架上所有能取到手的東西統統搬出來。他們還是不能心滿意足，我祇得把能拿到手的食具全扔出去，把它們摔個粉碎。過了好久才有人來制止我，可是不幸的事情已經發生了。這麼多的陶器被摔破，所得到的僅有代價，是有了一個令人愉快的故事。特別是這惡作劇的禍首們，終其一生都把它當做趣事來談。」(注4)

在心理分析之前的年代裡，人們或許會不以為意地一路讀下去；但是接下來心理分析的理解流行起來了。對於童年早期的回憶，我們會形成種種特定的意見和期待，並且主張說它們是普遍有效的。童年生活裡沒有完全被遺忘的蛛絲馬跡，再也不是無關緊要或沒有意義的東西。我們毋寧可以猜測說，在記憶（Gedächtnis）裡殘存下來的東西也是最重要的東西，而且或者是在當時就有其重要性，或者是由於其後經歷的影響而益發重要。

然而，只有在少數的情況下，這種童年回憶才會彰顯其高度的重要性。它們大多時候看起來無關緊要，甚至是沒有價值的，我們起初也不明白為什麼偏偏是這些回憶有辦法對抗失憶（Amnesie），而多年來把它們儲存在回憶資料庫裡的人，也不見得比聆聽他訴說其回憶的陌生人更清楚它們的重要性。為了認識它們的重要性，就需要若干解析工作，它不是證明它們的內容如何被其他內容置換，就是指出它們和其他極為重要的經驗有關，而且作為「**屏隔回憶**」（Deckerinnerung）（注5）取而代之。

任何對於生命史的任何心理分析研究，都可以用這種方式揭露最早期的童年回憶的意義。的確，被分析者偏愛的回憶，他首先會提及的回憶，作為其人生自白的開端的回憶，往往被證明是最重要的回憶，其中埋藏著可以打開其心理世界的神祕抽屜的鑰匙。可是就在《歌德自傳》裡提到的那種無關緊要的童年往事而言，我們對它的期待就太低了。我們在為病患解析時的方法和途徑，在這裡當然派不上用場；事件本身似乎沒辦法和其後的人生印象建立什麼有跡可循的關係。因為外人的慫恿而搞出來的造成家務損失的惡作劇，當然不會是烘托**歌德**鳶飛魚躍的人生故事的插圖。這個童年回憶洋溢著一種天真無辜而無關緊要的印象，這正好也提醒我們不要過度延伸心理分析的主張或者不當引用。

因此，當我有一次剛好遇到一個病患，他也有類似的童年回憶，而且透露了更顯而易見的關聯性，我早就把這個小問題拋在腦後。他二十七歲，受過高等教育，才華洋溢，那時候和母親衝突不斷，既讓他覺得人生乏味，也嚴重損害到他談戀愛或是獨立生活的能力。這個衝突要溯源到他的童年，大概是四歲的時候。以前他是個體弱多病的孩子，可是他的許多回憶把這段辛苦的日子美化成天堂，因為那時候他享有母親無止盡的愛意而沒有人和他爭風吃醋。他不到四歲的時候，弟弟就出生了（至今仍然健在），在對於這個干擾的反應當中，他變成了一個任性固執的、叛逆的男孩，不斷地挑戰母親的嚴格管教，再也沒有回到正途。

當他來找我就診時——完全不是因為要和他那厭惡心理分析的迷信母親唱反調——，早就忘記了對於弟弟的妒嫉——有一次他真的想要對搖籃裡的弟弟行凶。現在他很照顧他的弟弟，可是種種怪異的偶然行為，包括突然傷害他的寵物，例如他心愛的獵犬和悉心呵護的小鳥，或許也可以理解對於弟弟的敵意衝動的殘響。

這位病患說，在他想要害死討厭的弟弟的那段日子裡，有一次他把找得到的所有餐具都從別墅的窗子扔到街道上。那不就和歌德在其自傳裡描寫的童年一模一樣！但是我注意到我的病人是外國人，沒有接受過德語教育；他從來沒有讀過**歌德**的自傳。

這個說法當然會讓我想要就病人的故事裡無法迴避的意義去解析**歌德**的童年回憶。可是我們可以證明說在我們作家的童年裡也有這個觀點的必要條件嗎？**歌德**自己固然把他的童年惡作劇歸咎於奧森舒坦兄弟們的慫恿，可是我們在他的敘事裡也看出來，那些已經成人的鄰居只是為他正在做的事推波助瀾而已，原本是他自己自發性地起頭的，而他說他的動機是「我覺得玩膩了」，這使得我們很自然地認為他承認自己在寫下這段文字的時候，或許可以說多年以來，他並不明白這個行為的真正動機。

我們都知道，**歌德**家裡的孩子大多體弱多病，他和妹妹珂內麗雅是僅有的兩個倖存的孩子。感謝**韓斯・薩克斯**（Hans Sachs）提供給我**歌德**早夭的弟弟妹妹們的生卒年代：

歌德的弟弟妹妹：

赫曼．雅各（Hermann Jakob），一七五二年十一月二十七日禮拜一領洗，得年六歲六個禮拜，於一七五九年一月十三日下葬。

卡塔琳娜．以利沙伯（Katharina Elisabeth），一七五四年九月九日領洗，葬於一七五五年十二月二十二日禮拜二（一歲四個月）。

約翰娜．馬利亞（Johanna Maria），一七五七年三月二十九日領洗，一七五九年八月十一日禮拜六下葬（兩歲四個月）。（她哥哥讚美說她是個美麗迷人的小女孩。）

喬治．阿道爾夫（Georg Adolph），一七六〇年六月十五日領洗；一七六一年二月十八日禮拜三下葬（八個月大）。

歌德的大妹珂內麗雅（Cornelia Friederica Christiana）出生於一七五〇年十二月七日，那時候他才一歲三個月。由於兩個人年紀相差無幾，她幾乎不可能成為妒嫉的對象。我們都知道，當孩子的熱情被喚起，他們不會對兄弟姐妹產生激烈的反應，而只會厭惡新生兒。我們想要解析的場景也和**歌德**在珂內麗雅出生不久的孺弱年紀不符。

大弟赫曼・雅各出生的時候，**歌德**才三歲三個月大。大概兩年之後，他差不多五歲了，二妹才出生。如果要判定歌德在那場扔餐具的惡作劇當中到底是幾歲，這兩個年紀我們都要考慮一下，第一個年紀或許比較有可能，也更符合我的病人的情況，他在弟弟出生時也差不多三歲三個月大。

此外，弟弟赫曼・雅各（我們在這個解析探究裡會提到他）並不像其他弟弟妹妹那樣只是兒童房裡的匆匆過客。我們或許會很納悶為什麼**歌德**在回憶錄裡沒有隻字片語提到他。（注6）他六歲多的時候過世，那時候**歌德**快要十歲。我要感謝**希奇曼博士**（Ed. Hitschmann）熱心地讓我引用他對於這個問題的筆記：

「**年幼的歌德也不想看到一個弟弟又過世了**。根據**貝提娜・布倫塔諾**（Bettina Brentano）的說法，至少他母親是這麼說的：『母親詫異地注意到，他的弟弟也是他的玩伴雅各過世的時候，他居然一滴眼淚也沒掉，父母親和妹妹的哀悼似乎讓他很生氣。後來母親問這個頑固的孩子是否不喜歡弟弟，他跑回房間裡，從床底下抽出一疊紙，上面寫滿各種教材和故事，他對母親說，那些都是他寫來要教弟弟的。』這個哥哥大概總是喜歡在弟弟面前扮演父親的角色，並且對弟弟炫耀他的優越。」

我們或許可以說，扔餐具的惡作劇是個象徵性的行為，或者更正確地說：是個**巫術行為**，孩子（不管是**歌德**或那位病人）藉此強烈地表現出想要除掉討厭的入侵者的願望。孩子在打破東西時的快感是毋庸置疑的事；如果一個行為本身就會產生快感，那麼這個行為就不會讓人感到遲疑，而會誘使人不斷重複應用在其他地方。但是我們不認為乒乒乓乓砸碎東西時的快感是使得童年的惡作劇一直盤旋在成人的回憶裡的因素。我們也不排除在行為的動機方面加上另一個因素。砸碎餐具的孩子心裡很清楚那是會被大人責罵的壞事，而如果他明知故犯，那麼就有可能是要宣洩對大人們的不滿；他想要表現出淘氣的樣子。

孩子只要把易碎的東西扔到地上，或許就可以滿足該行為本身以及被砸破的東西所產生的快感。可是這還是沒有解釋為什麼要把餐具從窗子扔到街上這件事。可是這個「扔出去」似乎是巫術行為的一個本質元素，它源自其隱藏的意義。他想要把新生的孩子**扔出**窗子，或許是因為嬰兒是從窗外來到家裡的。所以說，這整個行為相當於我們都熟悉的孩子的口頭反應，當大人對他說鸛鳥叼來了一個弟弟時，他會說：「鸛鳥也可以把他叼走啊！」

可是我們也不想否認，如果只依據一個類比就要解析一個孩子的行為，那會是很困難的事——撇開我們心裡的種種不確定感不談。因此多年來我一直遲疑著要不要提出關於《歌德自傳》裡的這個小場景的理論。接著有一天，我在為一個病患做心理分析時，他一開始就說（以下逐字引用他說的話）：

「我是八、九個兄弟姐妹裡的老大。（注7）我有個最早的回憶，那就是父親穿著睡袍坐在床上微笑對我說我就要有個弟弟了。那時候我三歲九個月大；我和我弟弟的年紀就是差這麼多。我也知道，沒多久以後（或者是一年之後）（注8），我把許多東西，一些刷子（或者只是一把刷子）、鞋子和其他東西，都從窗子丟到街上。我還有個更早的回憶。我在兩歲大的時候，我和父母親到鹽湖區（Salzkammergut）旅行，在林茲（Linz）的旅館住了一晚。那個夜晚我很不安，大吵大鬧，使得父親忍不住打了我一頓。」

聽了這番話，我的懷疑一掃而空。如果在分析的時候，一口氣有兩個東西相繼出現，我們就必須把這個相鄰性解析為一種相互關係。那就像是病人說：**因為**我聽說就要有個弟弟了，沒多久之後，我就把那些東西扔到街上。把刷子、鞋子之類的東西扔出去，可以視為對於弟弟的出生的反應。在這個情況下，就算是被扔掉的東西不是餐具，而是其他東西，或許是那孩子拿得到的任何東西，那也不是無意的……扔出去（從窗子扔到街上）才是這個行為的本質，至於砸碎東西、乒乒乓乓的聲音、「執行完成」產生的快感，則是隨機的、非本質性的。

當然，病人的第三個童年回憶也有相同的相互關係，它在時序上是最早的，雖然到了最後才被提及。我們很容易就看出來。我們知道這個兩歲大的孩子為什麼這麼不安，因為他無法忍受父母親同床共枕。在旅途中，孩子不得不看到他們睡在一起。妒嫉的孩子在當時產生的種種感覺當中，對於女性的怨恨會一直殘存在他心裡，對於他後來愛情的發展造成持續性的干擾。

在提出這兩個觀察之後，我也在維也納心理分析學會的會議裡指出，這類的現象在小孩子身上並不罕見，而胡格海默特博士（Dr. von Hug-Hellmuth）也提供了她的另外兩則觀察，讓我作為附錄引用如下：

【附錄】小孩子為什麼會把東西從窗子扔到街上

一、

在三歲半左右，小艾瑞克「突然間」染上了一個習慣，只要是他不合意的東西，他都會把它們丟出窗外，可是他也扔掉一些沒有礙著他或是根本和他無關的東西。就在父親生日那天——他三歲九個月大——他扔掉一根很沉重的擀麵棍，他手腳俐落地把它從廚房拖到臥室，從四樓房間的窗子扔到大街上，幾天後則是一只杵臼，接下來又從鞋櫃裡拿出父親的一雙沉重的登山鞋丟下去。（注9）

當時懷孕七、八個月的母親流產了，而小男孩「前後判若兩人，變得聽話、溫和又安靜」。母親懷孕五、六個月的時候，他不斷對母親說：「媽媽，我要跳到妳肚子上。」或是說：「媽媽，我要壓妳的肚子。」到了十月，也就是流產之前不久，他又說：「如果我一定要有個弟弟，那麼至少也要在耶誕節以後。」

二、

有個十九歲大的年輕小姐，不經意地告訴我她最早的一則童年回憶：「我看到自己極為淘氣地坐在餐廳桌子底下準備爬出去。桌上擺著我的咖啡杯，——我到現在都還清楚看到它的瓷器樣式——就在祖母走進來的瞬間，我把它扔出窗外。

「那時候沒有任何人照顧我，咖啡上已經形成一層『皮膚』了，直到現在，我一想起來都覺得很可怕。

「比我小兩歲半的弟弟在那天出生，所以沒有人理會我。

「大人都說，那天的我特別讓人受不了；午餐的時候，我把爸爸心愛的杯子從桌子扔到地下，一整天下來，我把衣服弄髒了好多回，從早到晚都脾氣很壞。就連浴室的娃娃也被氣呼呼的我扯破。」

這兩個案例幾乎不言而喻。它們不必多作分析就可以證明說，孩子對於即將或已經到來的競爭者的怨恨，如何表現在把東西扔出窗外或者是其他惡作劇和破壞欲的行為上。在第一則觀察裡，「沉重東西」應該就是象徵著母親自己，因為嬰兒還沒有出生，所以他就把憤怒宣洩在母親身上。三歲半的男童知道母親懷孕了，相信孩子就住在母親的身體裡。我們於此不由得想起了漢斯（*Jahrb. f. Psychoanalyse*, Bd. I., 1909）（注10）。而在第二則觀察裡，我們要注意的是孩子才兩歲半。

如果我們回到**歌德**的童年回憶，把我們在其他孩子的觀察裡猜想到的東西置入《歌德自傳》裡關於那個回憶的段落，就會看到一個無懈可擊的相互關係，那是在其他情況下難以發現的。歌德大概會這麼說：「我以前是個幸運兒；雖然我到世界上的時候是個死產兒，但是命運讓我活了下來。可是它卻奪走了我的弟弟，我也因此不必和他分享母親的愛。」接著他的思路就會延伸到在他兒時離世的另一個人，例如說他的祖母，一個慈祥而安靜的人，住在另一間起居室裡。（注11）

可是我已經在其他地方談到了：如果一個人是母親不可否認的摯愛，那麼他一輩子都會有一種征服感，一種對於成功的信心，而這種信心也往往使他真的成功了。而**歌德**或許也可以名正言順地在他的自傳裡開宗明義地說：我的優點都是根植於我和母親之間的關係。

注1：（譯注）引文中譯見：《歌德自傳》，頁22，趙震譯，志文，1975。

注2：（譯注）「星宿的位置是上上吉，太陽位於處女宮，正當是日的頂點，木星與金星親切地盯著水星毫無反抗的眼光，土星與火星則呈現漠不關心的態度。只有剛圓的月亮，因為正好進入行星時，所以越發地發揮出她衝位的力量。……後來占星術師告訴我，這呈示吉祥的星位，對我是非常有價值的，不過我猜想，這必定就是我克享天年的原因吧。因為由於助產士技術欠佳，我生下來時是個死產兒，經過種種手法，才使我得見天日。」（《歌德自傳》，頁21）

注3：（譯注）「一座螺旋梯通往沒有脈絡的各個房間，各層的高低不平，即靠樓梯來調節。我們這些小孩，即妹妹珂內麗雅（Cornelia, 1750-1777）和我最喜歡樓下那個寬敞的前廳。那兒的門邊有木製格子窗，通過它可以直接和街道或戶外的空氣接觸。這種鳥籠樣的東西，一般家庭都有，那房間即稱為格子間。」（《歌德自傳》，頁22）

注4：（譯注）頁22-23。

注5：（譯注）或譯為「屏幕記憶」、「表層記憶」、「遮蔽性記憶」，是佛洛伊德的自創詞。見：佛洛伊德《日常生活的心理分析》（*Zur Psychopathologie des Alltagslebens. Über Vergessen, Versprechen, Vergreifen, Aberglaube und Irrtum*,1904）。

注6：（一九二四年版注）我要趁這個機會收回我的錯誤說法。在自傳後面的段落裡的確

提到了這個弟弟。那是在回憶童年的嚴重疾病時，這個弟弟也沒有倖免。「他生就纖弱柔文靜，性格頑固，我們之間從未體驗過手足之情。他幾乎還沒有過完幼年時期就死去。」（譯按：見《歌德自傳》頁38。）

注7：這是典型的一時疏忽。如前所述，它有可能是想要除掉弟弟的意圖所導致的。（另見：Ferenczi: Über passagere *Symptombildungen* während der Analyse, *Zentralbl. f. Psychoanalyse.* II, 1912.）

注8：這個基於阻抗作用而對於病訴的重點的懷疑，後來就被病人自己否認了。

注9：他總是挑沉重的東西。

注10：關於懷孕的象徵意義，不久前有個五十多歲的女性對我進一步證實了這點。她反覆地說，在她還是個牙牙學語的孩子的時候，只要有很重的家具搬運車經過他們家，她都會很興奮地拉著父親到窗邊。考慮到她關於臥室的回憶，我們可以確定那時候她不到兩歲九個月大。她的弟弟大概就是那個時候出生的，而因為家庭成員的增加，他們也搬了家。在那段日子裡，她在睡前都很害怕有個龐然大物會撲向她，「而她的手會腫大起來」。

注11：（譯注）「我所能憶起的祖母，是一位巫仙般美麗、清瘦，四時都穿上一身白色潔淨衣服的女人。在記憶裡，祖母是個穩重、仁慈、親切的人。」（《歌德自傳》，頁24）

第五部

作家與幻想

Der Dichter und das Phantasieren, 1908

我們外行人總是興致勃勃地想要知道，像作家那樣的怪人，他們的題材到底是汲取自哪裡——差不多就像是樞機主教問亞里奧斯托（Ariosto）（注1）的問題——，他們怎麼有辦法憑著那些題材感動我們，在我們心裡喚起種種情感，而那些情感或許是我們從來沒有想過自己有辦法生起的。就算作家沒有給予我們滿意的答案，或者是沉默以對，就算我們知道他自己也不清楚為什麼要選擇那些題材，就算我們明白熟諳寫作技法並不會讓我們變成作家，我們也不會因此就感到掃興。

如果我們可以在我們自己或是像我們這樣的人裡頭偶然看到類似創作的活動，那該有多好！這個研究或許可望對於作家的創作找到一個初步的解釋。這其實是有可能的。其實作家自己也想要拉近他們和一般人的距離；他們老是對我們言之鑿鑿地說，每個人心裡都藏著一個作家，直到最後一個人死了，作家才會消滅。

我們是不是應該在孩子身上找尋寫作活動的最早痕跡呢？遊戲是孩子最喜愛而熱中的活動。或許我們可以說：每個遊戲的孩子，他們的舉止就像作家一樣，因為他們為自己創造了一個世界，或者更正確地說，以他喜歡的方式重新排列他的世界裡的種種事物。所以我們不能說孩子不把世界當一回事；正好相反，他對他的遊戲是很認真的，而且把大量情感投入其中。遊戲的對立面不是認真，而是現實，就算再怎麼情感投入，孩子還是會把他的遊戲世界和現實世界區隔得很清楚，喜歡讓他想像的客體和情境以現實世界裡看得見摸得著的事物作為依據。而孩子的「遊戲」和「幻想」（Phantasieren）的不同，就在於這個摹仿而已。

作家在從事的工作和遊戲中的孩子並無二致。他創造一個幻想世界（Phantasiewelt），並且認真以對，也就是說投入大量的情感，儘管他把它和現實世界涇渭分明地區隔開來。而我們在德文裡也看到了兒童遊戲和寫作之間的相似性，它把必須連接可見的客體並且擁有表現力的寫作叫作「Spiel」（戲劇）、「Lustspiel」（喜劇）、「Trauerspiel」（悲劇）[注2]，表演的人則叫作「Schauspieler」（演員）。可是寫作世界的不真實性卻左右了藝術的技法，因為許多東西若是真實的就會失去趣味，而幻想的遊戲（戲劇）卻會讓人流連忘返，許多讓人難以忍受的刺激，對於作家的閱聽人而言，卻是樂趣的源泉。

基於另一個考量，我們必須再談一下現實世界和遊戲的對立問題！如果說孩子長大了而不再玩遊戲，如果說他幾十年來認真地駕馭生活的種種現實問題，那麼有一天，他也有可能會陷入一種心理特質，它會再次泯除遊戲和現實的對立。大人或許會回想起自己從前如何認真投入他的童年遊戲，而把眼下汲汲營營的事業和童年遊戲劃上等號，因而拋開生活的沉重負擔，而得到許多**幽默**的快樂。

所以說，當長大的孩子不再遊戲，他表面上是捨棄了來自遊戲的快樂。可是熟諳人類心理的人都知道，要人放棄曾經嘗到的快樂是多麼困難的事。其實我們並沒有放棄任何東西，而只是以一種東西交換另一種東西而已。表面上的捨棄其實只是一種替代作用（Ersatz-oder Surrogatbildung）。當長大的孩子不再遊戲，他只是放棄和現實客體的連接；現在他不再**遊戲**，而是**幻想**。他為自己建造了空中樓閣，創造了所謂的**白日夢**（Tagträume）。我相信大多數的人在一生當中都會有他的幻想。那是人們長久以來忽視的事實，因而也不怎麼重視它的意義。

人的幻想不像孩子的遊戲那麼容易觀察得到。孩子固然也會獨自一個人玩遊戲或者為了遊戲而和其他孩子一起建構一個封閉的心理系統，可是就算說他沒有在大人面前表現出來，也不會刻意對他們隱瞞。反之，大人會覺得他的幻想是很丟臉的事，不想讓別人知道，而把它當作最私密的東西加以珍藏，一般而言，他寧可承認自己的過犯，也不想把他的幻想告訴別人。他可能以為自己是唯一會幻想的人，完全不知道這類的創造對其他人而言是屢見不鮮的事。遊戲的人和幻想的人的這個行為差異，可以在這兩種其實是互補的行為的動機那裡找到理由。

一個孩子的遊戲是由他的願望擔任指揮的，他其實只有一個願望，一個有助於他的成長的願望：那就是他想要長高長大。他總是玩「當大人」的遊戲，在遊戲裡模仿他在生活裡認識的大人。現在他更是沒有理由要隱藏這個願望。大人一方面知道別人認為他不應該再玩遊戲或幻想，而是要面對現實世界，另一方面，在產生幻想的種種願望當中，有些是見不得人的。於是，他會覺得他的幻想是幼稚的、不被允許的，因而羞於啟齒。

那麼你們會問，既然人們對於他們幻想總是三緘其口，我們又怎麼會對它們如此瞭若指掌？呃，世上有一種人，一個嚴厲的女神（不是男神），也就是主司必然性的神，她指派他們一個任務，要他們說出讓他們痛苦和快樂的事。他們就是精神病患者，不得不對醫生承認自己的幻想，因為他們指望著他可以透過心理治療使他們恢復健康。這就是我們如此熟諳的原因，而我們也可以相當合理地猜測說，我們的病人對我們訴說的，和健康的人的經驗並沒什麼不同。

那麼我們就來認識一下幻想的若干特徵。或許有人會說快樂的人不會幻想，只有心裡感到缺憾的人才會。未能實現的願望正是幻想的動力，而每個個別的幻想也都是願望的實現（Wunscherfüllung），是在修補讓人感到缺憾的現實世界。驅力的種種願望，會因心生幻想的個人的性別、性格和生活環境而異；可是它們會自然而然地組成兩個主要方向。它或者是有野心的願望，那會讓人變得更好，或者是愛欲的願望。在女孩子心裡，差不多都是充斥著愛欲的願望，因為她們的抱負往往會被對於愛的渴望消磨殆盡；而在男孩子心裡，除了愛欲的願望以外，自我中心的、虛榮的願望也相當明顯。可是我們要強調的不是這兩個方向的對立，而是它們之間屢見不鮮的趨同，就像許多祭壇畫的角落可以看到贊助人的畫像，在大多數有野心的幻想的某個角落，我們也會看到一位女士，幻想者會為她衝鋒陷陣，把戰利品放在她的石榴裙下。你們可以看到這裡就有足夠的動機讓人隱藏它，端莊賢淑的女孩子不容有半點思惹情牽，而男孩子也必須學會壓抑因為童年溺愛而養成的驕矜傲慢，才得以廁身於充斥著同樣貪得無饜的個人的社會裡。

這個幻想行為的產物，個別的幻想、空中樓閣、白日夢，我們不要以為它們都是千篇一律或一成不變的。相反的，它們會緊貼著不斷更迭的生活印象，隨著生活情境的波動而變換，從層出不窮的印象那裡得到所謂的「日戳」（Zeitmarke）。幻想和時間的關係相當重要。我們可以說：一個幻想宛如漂浮在三個時間點之間，在我們的念頭的三個時間環節裡，心理活動會連接到一個現行的印象，一個當下的誘因，它會喚醒人的一個強烈願望，由此回溯到一個早年（大多是嬰兒期）實現該願望的經歷的回憶，現在則是創造一個未來的情境，讓人相信那個願望會在其中實現，它所創造的也就是個白日夢或幻想，在其中殘留著作為其源頭的誘因和回憶的痕跡。所以說，過去、現在和未來都串接在一起，願望的繩索則是依序穿過它們。

有個陳腔濫調的例子可以說明我的說法。假設有個煢煢孑立的窮苦孤兒，你告訴他一個雇主的地址，或許可以找到一個職位。他在路上做起了因為他的境況而產生的白日夢。他大致上幻想說他被錄用了，獲得老闆的賞識，成為老闆的得力助手，住在老闆家裡，又娶了老闆娉婷婀娜的小女兒，當起合夥人，接掌老闆的事業。做夢者為他在幸福童年裡應該擁有的東西找到了補償：遮風擋雨的屋子、慈愛的父母親，以及初戀的對象。在這個例子裡，你們可以看到願望如何利用現在的一個誘因，依據過去的模型，建構一個未來的情境。

關於幻想當然還有許多東西可以著墨的；可是我只想概述其要點。當幻想不斷蔓生而變本加厲，就會為精神官能症或精神病創造出種種條件；種種幻想也是我們的病人所抱怨的病症的直接前奏。從這裡就會有一條寬敞的岔路轉到病變那裡。

可是我不能對於幻想和夢的關係略而不提。我們在夜裡的夢和這些幻想並沒有什麼不同（注3），語言早就以其無與倫比的智慧回答了夢的本質的問題，因為它把幻想者不可靠的產物也叫做「白日夢」。如果說儘管有這樣的暗示，夢的意義對我們而言仍舊撲朔迷離，那是由於一個情況，也就是我們在夜裡會有種種羞於啟齒而必須對自己隱瞞的願望，因而潛抑了它們，把它們推到無意識裡。這種被潛抑了的願望以及它們的衍生物，也就只能以相當扭曲的形式表現出來。一旦科學研究闡明了這種夢的扭曲（Traumentstellung），我們就不難認識到，這些夜裡的夢和白日夢（我們都很清楚那就是幻想）一樣，都是願望的實現。

關於幻想，我們就談到這裡，現在要說一說作家！我們真的可以試著把作家比喻成「大白天的做夢者」，把他的作品比喻為白日夢嗎？這裡會立刻出現第一個區別；我們必須區分像古代史詩和悲劇詩人那樣採風問俗的作家，以及自出機杼的原創性作家。我們會僅限於第二種作家，為了做比較，我們不會選擇被批評家吹捧到天上的那些作家，而是沒有那麼矯揉造作的長篇小說家、中篇小說家和短篇小說家，他們也因為如此而擁有無數熱情的讀者。這些小說家的作品應該有個特徵會吸引我們的注意力；它們都有個主角，是讀者關注的焦點，作家想盡辦法賺取我們的同情，也宛若以一種特殊的神意保護主角。如果我在一部小說的某個章回末了讓主角喪失意識，身受重傷，倒在血泊裡，那麼我一定要在下一個章回讓他獲救並且在悉心照顧下康復，如果第一卷以我們的主角搭乘的船隻在狂風巨浪中沉沒收尾，那麼我敢說在第二卷的開頭就會讀到他奇蹟式地獲救，如果不這麼寫，小說恐怕就寫不下去了吧。我以一種堅定的感覺陪著主角冒險犯難，正如主角在現實生活裡堅定地縱身躍入水裡救起溺水的人，或是闖入敵人的槍林彈雨裡摧毀對方的炮兵連，我們偉大的作家以生花妙筆對我們訴說的，正是那種真正的英雄氣概：「你絕對不會出事的！」（安岑格魯貝〔Ludwig Anzengruber〕語。）（譯注4）可是我的意思是，在這個不經意透露的刀槍不入的特徵裡，我們不難看到「自我」這個君王，他是所有白日夢和所有小說裡的主角。

這種自我中心的小說還有其他特徵，它們也都影射了同樣的相似性。如果說小說裡的所有女性都會愛上男主角，我們很難認為那是在描寫現實世界，而會理解為白日夢的必然成分。小說裡的其他人也都善惡分明，而捨棄了在現實世界裡可以觀察到的性格多樣性；對於變成故事主角的「自我」而言，援軍就是「好人」，而敵人或對手則是「壞人」。

現在我們都看得很清楚，許多作家的作品刻意和天真的白日夢模型撇清關係，可是我也忍不住懷疑說，就算再怎麼偏離那個模型，也可以透過一連串的轉型看出它們之間的關係。我更在許多所謂的心理小說裡注意到，它只會描寫一個人的心理世界，那個人又是主角；作家就坐在主角的心靈裡面，而從外部觀察其他人。整體而言，心理小說的特色在於現代作家傾向於透過自我觀察把他的自我分裂成許多局部的自我（Partial-Ich），據此在若干主角身上把作家心理世界裡相互衝突的傾向人格化。有一種所謂「怪癖」（exzentrisch）的小說，它看起來和白日夢的類型正好相反，裡頭的主角幾乎沒有什麼作為，而只是個旁觀者，別人的行為和痛苦都在他眼前掠過。左拉（Émile Zola）晚期的若干小說都是屬於這個類型。不過我必須說，對於除了作家以外的、在若干方面偏離所謂「規範」的個人的心理分析，確實讓我們認識到白日夢的類似變形，在其中，「自我」甘心屈就於旁觀者的角色。

如果說我們把作家和做白日夢的人畫上等號，把詩人的作品等同於白日夢，這樣的作法有任何價值的話，那麼它應該會有所收穫才對。比方說，我們可以試著把剛才關於幻想和三個時間點以及貫穿其中的願望的關係的說法套到作家的作品，據此研究作家的一生和他的作品之間的關係。一般而言，我們不知道對於這個問題應該有什麼期望想像；我們往往把這個關係想得太簡單了。依據我們對於幻想的認知，或許可望看到以下的情況：一個鮮明的當下經歷，在作家心裡喚醒對於早期的、多半是童年的一個經歷的回憶，願望就是以此為起點，在作品裡找到它的實現；文學作品本身就展現了當下的誘因以及舊時的回憶這兩個元素。

大家不要被這個說法的複雜性唬住了；我懷疑它其實只是個樣本數相當貧乏的模型，然而它或許是探究真實情況的第一步，而在若干嘗試之後，我認為這種探究作家作品的方式應該不至於一無所獲。你們不要忘了，我們強調作家的童年回憶，聽起來或許讓人很困惑，它其實是源自一個假設，也就是文學作品和白日夢一樣，都是從前童年遊戲的延伸和替代物。

然而我們不要忘了回頭探討文學作品的另一個類別，它不是自由的寫作，而是採風問俗、改編自既有的著名題材的作品。即便如此，作家還是保有一定程度的獨立性，它表現在題材的選擇以及大規模的改寫。可是就既有的題材而言，它們其實是源自大量的民間神話、傳說和童話。對於這些俗民心理學（Völkerpsychologie）的種種結構的研究方興未艾，而神話則很可能相當於整個民族的願望幻想扭曲的殘留痕跡，可以說是現代人類的**俗世的夢**（Säkularträume）。

你們會說，雖然我的論文題目開頭是「作家」，談的卻多半是「幻想」。我知道這點，也要為我的所知有限致歉。我只能拋磚引玉，對人們呼籲說，我們其實可以從對於幻想的研究延伸到作家如何選擇題材的問題。至於另一個問題，也就是作家用什麼方法讓我們對於他的作品產生情感共鳴，我們仍舊完全沒有觸及。然而我至少要對你們指出，我們關於幻想的闡述如何推導到作品的效果的問題。

你們還記得我剛才說，做白日夢的人會小心翼翼地對別人隱瞞他的幻想，因為他有理由覺得羞於啟齒。現在我要接著說，就算他真的跟我們談到他的幻想，我們對於他的揭露也不會有什麼興趣。當我們聽到這類的幻想時，總是會感到厭惡或最多冷漠以對。可是當作家在我們面前上演他的戲劇或是訴說我們一般會認為是他個人的白日夢的事物，我們卻會很開心，這樣的樂趣或許是眾多源頭匯流的結果。作家怎麼做到的，那是他專屬個人的祕密；真正的詩藝（ars poetica）就在於克服我們的厭惡感的技巧，那種厭惡感當然和每個自我和另一個自我之間的隔閡有關。我猜想這個技巧大概會使用以下兩個方法：對於自我中心的白日夢的性格，作家會盡量輕描淡寫，讓它改頭換面或是若隱若現，透過在敘述其幻想時展現的形式性的、美感的樂趣，讓我們流連忘返。我們把這樣的趣味叫做「激勵獎賞」（Verlockungsprämie）或是「前期快感」（Vorlust）。我認為作家為我們創造的所有美感趣味，都擁有這種前期快感的性格，而文學作品的真正享受，其實是源自我們心靈裡的緊張情緒的解放。而這個效果有一大部分要歸因於作家有辦法讓我們在免於任何責難以及羞愧的情況下盡情馳騁我們自己的幻想。於是，我們來到了嶄新、有趣而盤根錯節的研究的大門口，也就得以暫時擱下我們的闡述。

注1：（譯注）亞里奧斯托（Ludovico Ariosto, 1474-1533），義大利文藝復興時期詩人，著有：*Orlando Furioso*, 1516。他和達文西都有個贊助人，也就是伊波利多樞機主教（Ippolito d'Este）。

注2：（譯注）「Spiel」有戲劇和遊戲的意思。

注3：見拙著：《夢的解析》（*Die Traumdeutung*, 1900 a）。

注4：（譯注）安岑格魯貝（Ludwig Anzengruber, 1839-1889），奧地利劇作家、小說家。語出：*Die Kreuzelschreiber*, 1872。

國家圖書館出版品預行編目資料

達文西的一則童年回憶：佛洛伊德藝術與文學論集/西格蒙德．佛洛伊德 (Sigmund Freud) 著；林宏濤 譯. -- 初版. -- 臺北市：商周出版, 城邦文化事業股份有限公司出版：英屬蓋曼群島商家庭傳媒股份有限公司城邦分公司發行, 民112.07

面；　公分

譯自：Eine Kindheitserinnerung des Leonardo da Vinci.

ISBN 978-626-318-776-4(平裝)

1. CST: 佛洛伊德 (Freud, Sigmund, 1856-1939)　2. CST: 學術思想
3. CST: 精神分析學

175.7　　112010760

達文西的一則童年回憶：

佛洛伊德藝術與文學論集

原著書名／Eine Kindheitserinnerung des Leonardo da Vinci
作者／西格蒙德．佛洛伊德（Sigmund Freud）
譯者／林宏濤
責任編輯／林宏濤

版權／林易萱
行銷業務／周丹蘋、賴正祐
總編輯／楊如玉
總經理／彭之琬
事業群總經理／黃淑貞
發行人／何飛鵬
法律顧問／元禾法律事務所　王子文律師
出版／商周出版
城邦文化事業股份有限公司
臺北市中山區民生東路二段141號9樓
電話：(02) 2500-7008 傳眞：(02) 2500-7759
E-mail：bwp.service@cite.com.tw
發行／英屬蓋曼群島商家庭傳媒股份有限公司城邦分公司
臺北市中山區民生東路二段141號2樓
書虫客服服務專線：(02) 2500-7718．(02) 2500-7719
服務時間：週一至週五09:30-12:00．13:30-17:00
24小時傳眞服務：(02) 2500-1990．(02) 2500-1991
郵撥帳號：19863813　戶名：書虫股份有限公司
E-mail：service@readingclub.com.tw
歡迎光臨城邦讀書花園　網址：www.cite.com.tw
香港發行所／城邦（香港）出版集團有限公司
香港灣仔駱克道193號東超商業中心1樓
電話：(852) 2508-6231　傳眞：(852) 2578-9337
E-mail：hkcite@biznetvigator.com
馬新發行所／城邦（馬新）出版集團 Cité (M) Sdn. Bhd.
41, Jalan Radin Anum, Bandar Baru Sri Petaling,
57000 Kuala Lumpur, Malaysia
電話：(603) 9056-3833　傳眞：(603) 9057-6622
E-mail：services@cite.my

封面設計／FE
排版／新鑫電腦排版工作室
印刷／韋懋實業有限公司
經銷商／聯合發行股份有限公司
電話：(02) 2917-8022　傳眞：(02) 2911-0053
地址：新北市231新店區寶橋路235巷6弄6號2樓

■2023年（民112）7月初版
定價 380元

Printed in Taiwan
城邦讀書花園
www.cite.com.tw

All rights reserved.

著作權所有，翻印必究
ISBN 978-626-318-776-4

商周出版

廣　告　回　函	
北區郵政管理登記證	
台北廣字第000791號	
郵資已付，免貼郵票	

104台北市民生東路二段141號11樓

英屬蓋曼群島商家庭傳媒股份有限公司　城邦分公司

請沿虛線對摺，謝謝！

商周出版

書號：BK7121　**書名：**達文西的一則童年回憶　**編碼：**

請於此處用膠水黏貼

商周出版

讀者回函卡

感謝您購買我們出版的書籍！請費心填寫此回函卡，我們將不定期寄上城邦集團最新的出版訊息。

線上版讀者回函卡

姓名：＿＿＿＿＿＿＿＿＿＿ 性別：☐男 ☐女

生日：西元＿＿＿＿年＿＿＿＿月＿＿＿＿日

地址：＿＿＿＿＿＿＿＿＿＿

聯絡電話：＿＿＿＿＿＿＿＿ 傳真：＿＿＿＿＿＿＿＿

E-mail ：

學歷：☐ 1. 小學 ☐ 2. 國中 ☐ 3. 高中 ☐ 4. 大學 ☐ 5. 研究所以上

職業：☐ 1. 學生 ☐ 2. 軍公教 ☐ 3. 服務 ☐ 4. 金融 ☐ 5. 製造 ☐ 6. 資訊

☐ 7. 傳播 ☐ 8. 自由業 ☐ 9. 農漁牧 ☐ 10. 家管 ☐ 11. 退休

☐ 12. 其他＿＿＿＿＿＿＿＿

您從何種方式得知本書消息？

☐ 1. 書店 ☐ 2. 網路 ☐ 3. 報紙 ☐ 4. 雜誌 ☐ 5. 廣播 ☐ 6. 電視

☐ 7. 親友推薦 ☐ 8. 其他＿＿＿＿＿＿＿＿

您通常以何種方式購書？

☐ 1. 書店 ☐ 2. 網路 ☐ 3. 傳真訂購 ☐ 4. 郵局劃撥 ☐ 5. 其他＿＿＿＿

您喜歡閱讀那些類別的書籍？

☐ 1. 財經商業 ☐ 2. 自然科學 ☐ 3. 歷史 ☐ 4. 法律 ☐ 5. 文學

☐ 6. 休閒旅遊 ☐ 7. 小說 ☐ 8. 人物傳記 ☐ 9. 生活、勵志 ☐ 10. 其他

對我們的建議：＿＿＿＿＿＿＿＿＿＿

＿＿＿＿＿＿＿＿＿＿

＿＿＿＿＿＿＿＿＿＿

【為提供訂購、行銷、客戶管理或其他合於營業登記項目或章程所定業務之目的，城邦出版人集團（即英屬蓋曼群島商家庭傳媒（股）公司城邦分公司、城邦文化事業（股）公司），於本集團之營運期間及地區內，將以電郵、傳真、電話、簡訊、郵寄或其他公告方式利用您提供之資料（資料類別：C001、C002、C003、C011 等）。利用對象除本集團外，亦可能包括相關服務的協力機構。如您有依個資法第三條或其他需服務之處，得致電本公司客服中心電話 02-25007718 請求協助。相關資料如為非必要項目，不提供亦不影響您的權益。】

1.C001 辨識個人者：如消費者之姓名、地址、電話、電子郵件等資訊。
2.C002 辨識財務者：如信用卡或轉帳帳戶資訊。
3.C003 政府資料中之辨識者：如身分證字號或護照號碼（外國人）。
4.C011 個人描述：如性別、國籍、出生年月日。

請於此處用膠水黏貼